JN265046

魔女狩り、拷問、ペスト、異常性愛…
中世ヨーロッパの「闇の時代」の真相に迫る!

血みどろの西洋史
狂気の一〇〇〇年

池上英洋
恵泉女学園大学准教授

KAWADE
夢新書

河出書房新社

カバーイラスト◉北見　隆
図版制作◉新井トレス研究所

ヨーロッパの知られざる〝闇の歴史〟を照らしだす

——はじめに

ヨーロッパには、「欧州共通教科書」というものがある。各国から執筆者が集《つど》い、相互の利害関係を排除したニュートラルな視点で歴史をとらえようとした、『ヨーロッパの歴史』という教科書となって結実している。フランス人やドイツ人としての意識を育てる前に、まずはヨーロッパ人としての普遍的意識を学生たちに身につけさせようとするものだ。その姿勢や動機自体はたいへんポジティブなものだ。

しかし、この教科書には決定的な欠陥がある。というのも、そこではヨーロッパはあまりに〝美しい〟のだ。たとえば、日本語版で400ページを超えるような大部の書でありながら、魔女狩りの〝ま〟の字さえ登場しない。犠牲者900万人説のように、ことさらにこの事象をおおげさに扱うことはたしかに誤っている。しかし、だからといって、少なくとも数百万人という甚大《じんだい》な被害者を出した狂乱現象に、まったく触れないままですませてよいのだろうか。また、キリスト教の大迫害で知られる〝ネロ帝〟の名前も、たった一度出てくるだけだ。それも、〝迫害はあるにはあったが、まれだった〟といった調子で説明されている。

この教科書で学んだ中高生がいたとして、彼らは「ローマにはカタコンベ（地下墓所）というものがあった」ことは知識として持っていても、ではなぜ初期のキリスト教徒たちはわざわざ地下に住まなければならなかったのかを、生徒たちははたして理解できるのだろうか。あるいは、「コロセウムで剣闘士の試合があった」ことは知っていても、彼らが帝国辺縁の属州から連れてこられた奴隷たちであって、自由がないからこそ日々殺し合いをさせられていたことを理解しないのならば、単に〝剣闘士〟という知識を増やしただけで、そこに何の意味があるのだろう。

実際には、ローマ帝政下の殉教者《じゅんきょうしゃ》たちから、近世末まで続いた魔女狩りに至るまで、生きながら火あぶりにされた「名もなき無数の人たち」がいたのだ。これがどれほど残酷なことかは、ライターの炎の10センチほど上に手をしばらくかざすだけで想像がつくはずだ。教科書があまり書こうとしない部分は、血と狂気でいっぱいだ。こうした暗黒の時代が、とくに初期キリスト教時代からルネサンスに至るまでの、およそ1000年間続いたと思われている。本書でも、中世とよばれるこの時代を中心に据えている。しかし実際には、そのもっと前から、現代のわれわれの時代まで、西洋史は血の赤色でにぶく光っているのだ。

べつに、陰鬱《いんうつ》なことばかりをとりあげることが大事だといっているのではない。明るいところを照らしている強い光を、わずかでも暗いところも同時に照らすべきだと思っているだけだ。明暗どちらも、客観的に正しく知る自由はあるべきだ。そもそも、偉大な人物たちだけが上のほうですべてを決めていけるような歴史なら、私たち一般人がそれを真に学ぶ意味などさしてないのではなかろうか。

欧州共通教科書にかぎらず、世界史の教科書や年表は、今も名前が残る人たちでいっぱいだ。偉大な人物たちが、戦争で勝ち、条約を結び、あるいは何かを発明したり発見した歴史だけが、あたかも世界史のすべてのようだ。しかし実際には、偉大な王が指揮をふるって勝利の美酒に酔っていたかもしれないその瞬間に、胸に刺さった1本の矢によって失血死していく、はるかに多くの「普通の人々」がいたのだ。田舎に残してきた愛するわが子の顔を思い浮かべながら息をひきとった人もいただろう。あるいは、斧《おの》をふりかざして走ってくる敵の姿に腰が抜け、死に物狂いで戦場から逃げ出した人もいたに違いない。さらにはテント張りの営舎の片隅で、王が連れてきた美しい愛人が用を足した〝おまる〟を河原で洗わされていた人さえいたはずなのだ。

また、当時の人々にとっては普通のことでも、現代の私たちには驚くようなことも少なくない。冷蔵庫も洗濯機もなかった時代は、さぞかし不便だったろうな、といった程度なら想像がつきやすい。しかし、日曜日にお弁当を提《さ》げて家族でピクニックに出かけるときに、皆で観《み》て楽しむものが囚人の公開処刑だったりするのだ。

そう聞いて、「昔の人は野蛮だったのだ」というのはたやすい。しかし、本当にそうだろうか。私たちとなんら体のつくりが変わらない人々が、ただ単に昔に生まれたというだけで、血も涙もないような生き物だったと簡単に片づけることなどできるだろうか――。

ところで、筆者は美術史を生業《なりわい》としている者だが、昔の絵など眺めて何の役に立つのか、と最初は誰でもそう思う。しかし私たちのようなごく普通の人々が、自分たちが話している言語を読んだり書いたりできるようになったのは、人類の長い歴史の中ではごく最近のことにすぎない。そのような時代にあって、たとえば異教徒にある宗教を伝えようとするとき、はたしてどのような方法が最も効果的だろうか。それが絵だったのだ。絵画こそ、唯一最大のマスメディアにほかならなかった。

それならば、過去の人類が残した精神活動を理解しようとする場合に、絵を手がかりとするのは当然のことだ。だからこそ本書でも、絵画の解読を、一般にはあまり知られていない歴史の〝深層〟を読み解く手がかりとして多く用いている。

絵には、私たちとなんら変わらない「ごく普通の人々」が、その時代の誰かに伝えたかったなまなましい声や生きざまが描き込まれている。私たちはそこに割り込んで目をこらし、耳を傾けることで、彼らが何を信じ、何を楽しみ、何を怖がっていたかを知ることができる。人々はいったいどんなものを着て、何を食べ、どんな場所で、何をしていたのか。どのような会話を交わし、何を買い、何を愛し、何を憎んでいたのか。彼らはいつ結婚して、何人の子供をもうけ、どんな仕事をしていたのか。何に苦しめられ、何歳で、どのように死んでいったのか。彼らは私たちとどこが同じで、どこが異なるのか——。

本書でとりあげるのは、「表の世界史」を眺めるだけでは決して知ることのできない、こうした「歴史の裏側」ばかりだ。主役はあくまで〝普通の人たち〟だ。彼らを取り巻いていたものや、直面していた事柄のなかには、残酷で、痛くて、奇妙で、不潔で、瑣末《さまつ》で、臭くて、薄暗い話もやたらと多い。しかし、当時のごく普通の人々の暮らしのまわりにあったに違いない、こうした冴《さ》えない事象こそが、世界史の本質を理解する手がかりだ。なぜなら人間の歴史とは、少数の人たちの英雄的な物語だけではなく、圧倒的多数のごくごく普通の人々の、延々と続く退屈な日々の連なりなのだから。

加えて、西洋史を理解するうえで不可欠となる、多神教（ギリシャ・ローマ神話）と一神教（ユダヤ教・キリスト教）の共存構造についても深く見ていこう。よく誤解されているように、両者は「原始的で古いもの（多神教）が新しいもの（一神教）にとってかわられた」と単純に片づけることができるような関係にはない。ユダヤ教から分派してキリスト教の世界となった後も、ずっとギリシャ・ローマ神話は西洋世界の中に生き続けた。これは不思議なことだ。一神教をかたく信じていた人々が、同時に多神教文化にも浸《つ》かっていたことになる。人々がなぜ、2つともを同時に必要としたのかを考えるだけで、私たちは西洋史の闇の構造への理解をいっそう深めることができるだろう。

池上英洋

血みどろの西洋史 狂気の一〇〇〇年／目次

1――想像を絶する「魔女狩り」の狂気とその背景

密告、拷問、処刑…何が人々を〝暴走〟に駆り立てたのか

2――「死」と「病」と「戦争」をめぐる血みどろの惨劇

悲鳴と激痛の〝医術〟と、殺戮の実態とは

3——中世の街角と庶民たちの歪んだ暗部

衛生事情、性の実態…〝暗黒時代〟の日常・風俗を覗く

4——「聖書」と「神話」が西洋人に刻みこんだ〝命〟の意味

その信仰心から、血塗られた歴史の〝深層〟が見えてくる

5——キリスト教が歩んだ凄惨な歴史といくたの「伝説」の謎

ユダヤ人迫害、マリア信仰、聖杯伝説…西洋の〝心の歴史〟を掘り起こす

1章――

想像を絶する「魔女狩り」の狂気とその背景

●密告、拷問、処刑…何が人々を〝暴走〟に駆り立てたのか――

人間が人間を罰することは、社会的秩序を維持するうえで欠かせない必要悪なのだろう。こうして太古の昔から、人類はさまざまな刑罰を考案してきた。その中でもハンムラビ法典に記述があるので有名な「目には目を」式の罰則は、おそらく最もわかりやすい単純な規定だ。しかし、人を殺《あや》めれば自分も殺されるという、いわゆる同態復讐《ふくしゅう》法は、刑罰の歴史の中ではごく例外的なものにすぎない。人類の歴史には、実際にははるかに多様で複雑な刑罰が登場してきた。

石で打つ、鞭《むち》で叩《たた》く、首を斬《き》るといった比較的理解しやすいものから、目をつぶしたり、耳をそいだり、あるいは爪《つめ》をはいだり性器を切断するといった、なぜわざわざそんなことまでする必要があるのか、にわかには理解できないものも数多い。わざわざ車輪を高く掲げてから処刑囚の上へ落とす車刑のようなものに至っては、なぜそのような発想に至ったのか首をかしげてしまう。しかし、あらゆる刑罰の裏には、その刑が誕生したそれなりの理由があるのだ。

ここでは、世界史に登場する刑罰をいくつか見てみよう。とくに、その非合理性と残虐さで群を抜く魔女裁判に焦点をあててみよう。そこからわかることは、人間という生き物の残忍さと、それを生んだ社会の構造と思想背景である。

〝ふつうの人〟がある日、突然〝魔女〟に仕立てあげられる恐怖

●魔女裁判の密告制度

もしあなたが魔女裁判の時代に生きていたとして、最も気をつけなければならないことは何か——それは「近所から煙たがられる人にはならない」ことだ。ご近所さんたちから鬱陶《うっとう》しがられていると危ない。ふとんを叩きながら「引っ越し！」などと大声で叫んではいけない。魔女だと告発されて、まわりの誰もが「ああ、あの人ならね」とうなずくようではもう遅い。

つまりは、特定の誰かから嫌われないようにすることだ。というのも、魔女裁判の実際は、ほとんど顔見知りの間柄での告発によって始まっているからだ。まったく知らない第三者を告発したケースなど、じつはほとんど見当たらない。つまり大事なことは、告発する側もされた側もただの普通の一般人であり、今の警察官のようなプロが専門的に魔女を探し出すのではなかった点だ。

ここに、魔女裁判がもつ恐ろしさの一端がある。世界史の中でも突出した暗黒さに包まれたこの現象の本質は、ごく普通の人々による、集団内部での無差別攻撃にほかならない。

告発の理由など何でもよい。誰かが殺された、といった比較的もっともらしい大げさな事由《じゆう》などとくに必要とはしない。あなたが飼っていた家畜がいきなり死んだ、で充分だ。裏の納屋《なや》が焼けてしまった、でもよい。実際、告発理由の8割以上がこうした家畜や財産の損害で占められて

いたとする調査結果がある。なかには、仕事中突如めまいがして気を失って倒れてしまった男が、それを魔女のいたずらや呪《のろ》いのせいにしようとした例さえある。

もしあなたがお年寄りの女性だったら、残念ながらそれだけで頭上に黄色の信号がともっている。人々が「魔女＝老婆」というイメージをもっていたためか、それとも逆に、魔女としての嫌《けん》疑《ぎ》を受けて集落から厄介《やっかい》払いされる「嫌われがちな老婆」が多すぎたためなのか、ともあれ当時の人々の頭の中では、魔女のイメージの多くは老婆の姿として定着していた。もちろん魔女とされた中には若い女性もいたし、男性もいれば、まだ幼い少年や、はては8歳の幼女までがいた。しかし、とくに魔女裁判の初期においては、老婆が被害者の中心層をなしていた。

密告は奨励されていた。教会の中には箱が置いてあることが多く、密告者に目をつけられた運の悪い者の名を書いた紙がそこへ投げ込まれた。この密告制度は、とくに異端審問官が村々をまわっていくようになって以降、顕著《けんちょ》なものとなった。どこかの村に審問官が滞在している間は、気にくわない奴にひと泡ふかせるための願ってもないチャンスとなった。なにしろ審問官がきた村では、各家庭のドアに、疑わしき人の名を届け出ることは住民の「義務」であると書いた紙が貼られるほどなのだ。こうして人々の間を噂《うわさ》が飛び交って、ある日いきなりあなたの家の玄関口を審問官が叩くのだ。

後には告発を専門とする者も現れた。魔女を見分けられると主張し、それを職業にしていた者たちだ。今から見れば何の根拠もないこのペテン師たちは、手当たりしだいに、好き放題に魔女を探し出した。なかには17世紀のイギリスで暗躍したマシュー・ホプキンズのように、2年ちょっとの間に、300人近くの魔女をでっちあげた「有能な」探し屋までいた。人々は、「誰でも、ある日突然に魔女となりうる」不安のなかにいた。

◆魔女裁判の開廷

こうして誰かから密告を受けた者、あるいは職業的な探し屋がピンときた者、もしくは単に地域で噂になっている者（このケースが最も多い）の名が挙がると、魔女裁判の法廷がひらかれる。

被疑者は鎖につながれ、連行されたその日から牢屋《ろうや》暮らしとなる。当時の刑務所は恐ろしいほど劣悪な環境下にあり、拷問《ごうもん》が始まるよりも前に、容疑者には相当な身体的苦痛が加えられていた。

密告した側にも司法側にも都合がよいことに、裁判にかかる費用の一切は、連行されたその日からすべて容疑者の負担となった。この理不尽な方法が採用されていた理由は簡単だ。密告を奨励するためだ。密告者側は、何人密告したところで、なんらリスクを負わないですむのだから。

法廷によばれる証人もひどいものだ。魔女裁判の証言台に、強盗犯などの罪人が立つことは珍しいことではなかった。はたしてそのような輩《やから》に、あわれな容疑者を救うための良心的な証言など期待できるだろうか。

後述する裁判マニュアルには、審判の進め方がことこまかに書かれている。そこでは名前をきくことから始まる、定型化された詳細な質問リストがあり、状況に応じて相応《ふさわ》しいものを用いるよう丁寧《ていねい》な指導がなされていた。彼らがとりわけ得意としたのは、拷問や処刑をちらつかせながらの取引だった。つまり、このままいけば恐ろしい拷問が待っているぞとさんざん脅したあげく、今、素直に自白するなら罰を軽くしてやろう、ともちかけるのだ。あるいは、尋問《じんもん》と同時進行で、実際に拷問を加えた直後に、より恐ろしい方法を説明したり、実際に器具を見せたりして自白をすすめるのだ。アメとムチならぬ、ムチとさらなるムチ、といったところか。

こうして容疑者はほとんど１００％、自白を始める。それも、してもいないことを「しました」といわされているだけのはずなのに、裁判記録を読むかぎり、その悪事の方法やサバト（魔女の祭典）の様子などは、本当に参加していたかのようにじつに明瞭で詳細なのだ。それもなんら不思議ではない。憔悴《しょうすい》しきってうちひしがれている容疑者に、「これこれのことをしましたか」とたずねては、「はい」と答えさせているだけだからだ。こうした誘導尋問だからこそ、サバトの様子やその参加手順などもみな驚くほど似通っているのだ。

取引に応じてやむなく自白をしたなら、引き換えに罰は軽くなったか——残念ながら、ここでも答えは否定的なものになる。審問官が約束したはずの司法取引を履行《りこう》せずにすんだのはなぜか。それは、自白したとたんに被疑者は魔女であることが確定するので、その瞬間から、人間に対するように約束を守る必要さえなくなるからだ。これが彼らの詐欺《さぎ》的行為を正当化する詭弁《きべん》だ。罰がたとえ軽くなったとしても、火刑が絞首刑《こうしゅけい》にかわるぐらいがせいぜいだ。

こうして、たまたま密告された不運な人たちが刑に処せられていった。その中には、たったひとりの少年の証言によって、9人もの大人たちが次々と魔女として殺されていった例まであった。

不思議なことに当時の誰も、ごく少数の例外を除いて、密告の正当性や、証人の判断能力などに疑問をさしはさむ者はいなかった。

魔女か否かはいかに〝判定〟されたか

●魔女審査と神明裁判

魔女裁判を正しく理解するためにも、拷問などの具体的なステップに対して見て見ぬふりをせず、何があったかちゃんと知っておく必要がある。痛い話が増えてくるが、我慢してほしい。

誤解してはならないのは、あくまでも自白を導くために拷問が導入されたのであって、最初から魔女への罰として拷問があったわけではなかったことだ。容疑者が本当にあやしげな異教を信じているかどうかを確かめたいだけだ。そしていったん魔女だと確定すれば、もう拷問など必要ない。これも誤解が多いのだが、魔女だとわかったから拷問で苦しめる、のではない。なぜなら、魔女であること自体が死に値するので、あとは火あぶりが待っているだけだからだ。魔女であることを白状させるためだけにこそ拷問は存在した。つまり、真に恐ろしいことは、拷問をしてい

水による審査を描いた18世紀の版画

る段階では、その容疑者が「普通の人か魔女なのかわからない状況」にもかかわらず、あれほどの恐ろしい拷問を次から次へとくり出していた点にある。

その性質上、魔女裁判の拷問は、被疑者が魔女であるかどうかを確かめる「審査」と強く結びついている。これが尋問に続く魔女裁判の第二のステップとなる。ひとことでいって、それは「迷信の嵐」だ。

◆神に委ねられた裁判

「神明《しんめい》裁判」というものがある。神が明らかにする、という意味で、人間が白黒つけるのではなく判断を神に委《ゆだ》ねるというものだ。代表的なものでは、水は洗礼に用いる神聖なものであって、もし女が魔女であれば、そのような邪悪な存在が水に入っても受けつけないに違いないという解釈があった。そこで、女の手足をしばって、橋の上から川へ投下する。当然ながら女は沈んでいくのだが、もし彼女が魔女であれば、水は彼女を拒否するので浮かんでくるはずだ——これを「水審判」という。おわかりだろうか。浮かんできたら魔女なので火あぶりだ。しかし晴れて魔女ではないことが証明されたときには、すでに彼女は溺死《できし》しているのだ。運がよければ、溺《おぼ》れている最中にひきあげてもらえるだろう。

同様の神明裁判には、ほかにも死体への「手かざし」などがあった。容疑者が殺したのか自然死したのかわからない死体があれば、その死体の上へ容疑者の手を差し出させる。もし死体がその手によって殺されたものであれば、かざしたところに血の斑点《はんてん》が浮かんでくるといった変化が起きる。

はて、このような方法では何も変化など起こるはずもなく、皆無罪に終わったのではと首をかしげてしまう。しかし実際にこの方法で、手をかざしたとたんに死体から血が出てきて有罪だとわかった、16世紀ドイツの女ドロテアの記録などが残っている。おそらく死後硬直か何かによる変化が偶然そのとき起きたか、あるいは何らかの仕掛けによる冤罪《えんざい》のにおいがするのだが。

いずれにせよ、この判定法はあまり有用だったようには思えないが、17世紀の裁判マニュアルにも書かれているほどなので、有効だとながく信じられていたことは確かだ。

魔女審査は数多くの迷信を頼りに確かめる作業なので、今から見れば怪しげな判定法ばかりだ。神明裁判の起源自体が、もとをたどればゲルマンの占いに由来する。キリスト教世界で採《と》り入れられていながら、もともとかなり異教的なものだったわけだ。

◆魔女の体には〝悪魔の刻印〟がある

ほかにも、魔女の体のどこかには「悪魔との契約の印」があると信じられていた。そこから悪魔へ血液を渡したり、あるいは魔女が悪さをするために飼っている「使い魔」――カエルや蛇《へび》などであることが多いが――を、ヒルのようにそこに口をつけさせて血を吸わせるための穴だとも信じられていた。なにやら吸血鬼幻想との関連を思わせる。

この迷信のため、容疑者は裸にされて、体のすみずみまで調べられた。誰しもあざやほくろのひとつやふたつ、体のどこかにあるはずだ。そしてそのようなものが見つかれば、そこへ針を突き刺すのだ。それが契約の穴であれば、痛みを感じないし、血も流れないという。ほくろを針でツンとつついたぐらいで、普通たいして血など出ない。そしてたいてい、その穴は太腿《ふともも》のどこかにあると思われていた。そのあたりに見当たらない場合、陰部の近くやその中まで丹念に調べられた。魔女裁判自体の背景に、「女性性への憎悪《ぞうお》、女性の性への不信や嫌悪」があることを、この丹念さははからずも露呈《ろてい》しているようだ。

もちろん、男性の魔女に対してこの「針刺し」がおこなわれた記録もある。1611年のマルセイユで嫌疑をかけられたゴーフリディの体からは、取り調べの結果、3か所の斑点が発見され、そこへ針を押しつけても血が出なかったという。

「魔女は涙を流さない」という迷信もあった。契約の印探しなどと同じように、やはり審査官は容疑者の体へ針を刺す。眼球などへ刺したりもする。私事で申し訳ないが、筆者が大学生の頃、野球の試合でボールが目にあたり、コンタクトレンズの小さな破片が刺さったことがある。簡単な手術で取り除くことはできたのだが、その間も筆者は起きていなければならなかった。麻酔で眠ると黒目が上に行ってしまうという理由からだ。視界の中を、少しずつピンセットの先端が近づいてくる恐怖。眼球の涙の審査はあの光景を思い出させる。

ゾッとするようなこの陰湿なやり方には、よく知られているように、詐欺《さぎ》的な手法がしばしば交じっていた。押しつけると先っぽがひっこむ仕掛けになっている針まで開発されたのだ。魔女をひとり検挙すればいくら、という報酬制度があればこそだ。1650年のニューカッスルで、こうした詐欺を見破られた「針刺し師」が逮捕された。魔女をひとりでっちあげては、そのたびに市から20シリングせしめていたこの男は、自らも絞首刑に処せられた。しかし、すでに200人以上もの命を奪っていた後だった。

魔女狩りの指針とされた史上最悪の〝残酷マニュアル〟

●『魔女への鉄槌』の登場

1486年、ケルンで一冊の本が出版された。世に名高い、『マレウス・マレフィカールム Malleus Maleficarum』である。「maleficum」とは「邪悪な存在」という意味であり、よって同書のタイトルは『魔女への鉄槌』という意味になる。

よく知られているように、この書物はその後ながきにわたって魔女裁判の指針となる。およそこれまで地球上で出版されたもので、この書物以上に残忍な妄想力によって書かれた本というも

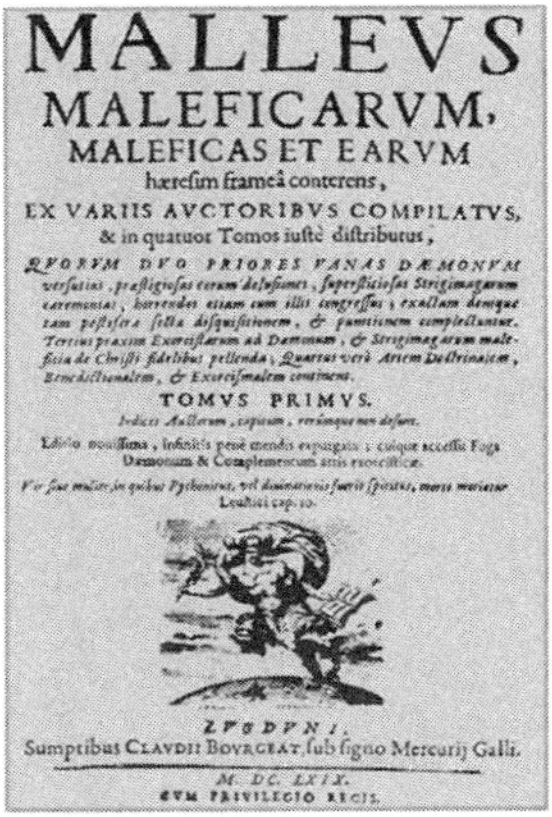

『魔女への鉄槌』1669年版表紙

のを筆者は知らない。それほどの「残酷マニュアル」である。

内容は大きく3部に分かれ、基本的に「命題」が並んでおり、それに対する考察がそれぞれ付けられている。考察の証明部分には、必ずその根拠となるテキスト名が挙げられている。その多くは聖書や教皇による教書のたぐいだが、イシドールスの『語源考』やアレオパギタ（偽ディオニュソス）による『神名論』といった、キリスト教父たちによるベストセラーも少なくない。そのいっぽうで、ナイデルの異端審問指導書『フォルミカリウス』などの先行文献からの引用もあり、決して『魔女への鉄槌』だけが、それまで唯一の魔女に関する専門書というわけではなかったことがわかる。

文体はさほど難解なものではないが、なにしろ魔女の存在証明のような哲学的思索《しさく》から扱う必要があるため、内容は明快さとはほど遠く、もどかしい。しかし命題と証明を並べたその構成は、いっけん非常に科学的なものに思えるだろう。それもそのはずで、著者は大学で教鞭《きょうべん》をとる教授でもあり、こうした学術的な文献のスタイルには日頃から親しんでいた。

彼らが理論の土台としたのは、聖書の『出エジプト記』にある次の一節だ。

「女呪術師を生かしておいてはならない」（22章17節。新共同訳）

モーセがシナイ山で十戒をさずかった後、神はこまごまとしたルールをモーセに伝える。その中で「死に値する」とされているのが、獣姦《じゅうかん》をおかした者や異教の神を拝んだ者、そしてこの「魔女」である。この一節は彼らの魔女糾弾《きゅうだん》の正当性の根拠であり、そして魔女の実在証明の根拠でもあった。聖書に書かれているのだから、魔女は本当に存在するはずというわけだ。

彼らの理論のもうひとつの土台は、トマス・アクィナスによるデーモンの定義だった。デーモンは人間としての肉体的な精子は持っていないので、インキュブス（incubi＝上にいるデーモン）とスキュブス（succubi＝下にいるデーモン）という、それぞれ男女の性を持ったいわば「邪悪な意思」としての形態を利用して子孫をつくる。インキュブス（上すなわち男）として人間の女性と交わるが、それだけでは子はできない。その性交によってスキュブス（下すなわち女）となった女デーモンが、人間の男性と性交して、精液を盗むのだ。こうしてできた子供は、あわれ洗礼を受ける前に、すでに邪悪な存在として生をうけることになる。こうしてインキュブスにそそのかされたり、あるいは生まれる前から魔女となった女たちは、ありとあらゆる悪事をはたらく。

◆〝創作〟された魔女の悪事

デーモンとの契約は、性交によって成立する。魔女は他人を子供の産めない体にしたり、あるいは子供をさらって殺す。あやしげな集会に出かけ、淫行にふける。嵐をよび、凶作をもたらす。

いや、たとえ何も悪事をはたらかなかったとしても、魔女たちは「キリスト教の信者ではない」というその理由だけで、初めから死に値するのだ。

「なぜ女性は魔術を信じやすいといえるのか――（…）生来、女というものは男より性的な欲望が強い（…）。この弱さは、最初の女性の創られ方にある。なぜなら女性は一本の曲がった骨、つまり胸のあばら骨から造られたからだ。それは曲がっていて、男とは反対の方向を向いているのだ。（…）」（『魔女への鉄槌』第一部命題6。筆者訳）

著者の女性への不信と憎悪は恐ろしいほどだ。いわく、女性はもともと1本のあばら骨にすぎず、誘惑にとことん弱く、悪事をはたらくにあたっては天才的だ。アダムをそそのかしたのはエヴァ（イヴ）であって、悪魔ではない。信心深くない女性は信心を簡単に失うから危険な存在だ。そして逆に、あまりに信心深い女性は、盲目的に何かを信じやすいのでこれまた危険な存在だといえる。女性は死よりも悪魔よりも恐ろしいのだ。産婆にはとくに気をつけなければならない。彼女らはあやしげな薬の知識などを有し、堕胎を助け、子供を殺す。いや彼女らはそもそも、専門的な知的職業につこうなどという、じつに小ざかしい女どもなのだ――。

同書には、うんざりするほど、延々と女性への攻撃が綴《つづ》られている。いったい著者の人生に何があったというのだろう。彼らはなぜここまで女性を軽蔑《けいべつ》し、嫌悪し、貶《おとし》めるのか。

著者は2名の連名になっている。ヤーコプ・シュプレンゲルとインスティトーリス（ハインリッヒ・クラマー）という修道会の修道士たちだ。実際の執筆は、インスティトーリスがほとんどひとりでおこなったと考えられている。以前から異端審問で中心的役割をはたしたのが、彼らも属するドミニコ修道会であり、両名とも異端の理論やその審問には馴染《なじ》んでいただろう。同書が広まって後の実際の魔女裁判での光景には後で触れるが、この書がなさんとしていることは、こうした具体的な行動に正当性をあたえることだった。

◆『魔女への鉄槌』への批判

しかしじつのところ、『魔女への鉄槌』は、最初からすんなりと受け容《い》れられたわけではない。人々は、現代から振り返って一般に思われているほどには、素直にこの書に盲目的に従ったわけではないのだ。批判は刊行当時からあった。シュプレンゲルは修道士であり宗教裁判官であり、ケルン大学の神学部教授でもあったが、はじめ同僚たちの一部は同書の公認書へのサインを拒否している。けっきょく、この公認書は発効されたが、同学部は後になって抗議文を発表している。

いっぽう、インスブルックを地盤としていたインスティトーリスは、同地で宗教裁判をひらいていたが、市の裁判所から絶縁状を突きつけられた。インスティトーリスは逃げるようにインスブルックをあとにする。その後、彼がまわって宗教裁判所を設けようとした諸都市では、少なからぬ数の裁判所が、彼への協力を拒否して門戸を閉ざした。

そして刊行後20年もたたないうちに、フランチェスコ修道会士カッシーニがミラノで反駁《はんばく》書を堂々と出版した。魔女が空を飛ぶという、じつに異教的なあやしい理論を信じている時点で、審問官たちのほうがむしろ異端だ、と彼は主張する。さらに1520年には、やはりイタリアのフィレンツェで、法律学者ポンティニービオが『魔女の扱い Tractatus du Lamiis』と題する本を出版する。強制されて妄想を述べただけの魔女被告の自白などに証拠能力はない、とする画期的なものだった。

◆批判がかき消された背景

しかし、こうした批判的な動きをすべて台無しにする、じつに強力な2つの要因があった。ひとつは教皇庁だった。まずはイノケンティウス8世が出した勅書《ちょくしょ》だ。要職を親族で占めさせたためにこんにちまで低い評判が伝えられているこの教皇は、インスティトーリスらが宗教裁判の実行に困難さを感じていた頃に、彼らに対してお墨付きをあたえるために「かぎりない愛によって望む」と題する勅書を発布した。そこでは教皇が、インスティトーリスとシュプレンゲルの2名を、「わが愛する息子たち」とよびかけて応援し、全教区に対して宗教裁判への協力を要請した。1484年12月5日に出されたこのいわゆる「魔女勅書」に勇気を得て、インスティトーリスらは『魔女への鉄槌』の出版を具体化することになる。その後もアレクサンデル6世が、ユリウス2世が、そしてレオ10世といった歴代の教皇たちが次々と魔女教書を発布して、魔女裁判をいっそう推し進めることに貢献していった。

もうひとつの要因は、印刷技術である。グーテンベルクによる印刷技術の劇的な改良は大量印刷を可能にし、それまでの出版事情を一変させた。しかし悲しいかな、たまたま最初に印刷された教書がまさにイノケンティウス8世の「魔女勅書」となった。そして『魔女への鉄槌』は、大量印刷された最初期の書となった勢いをかって、その後も200年間にわたり、ドイツで16版、フランスで11版、イギリスで6版、そしてイタリアで2版を重ねる大ベストセラーとなった。こうしたタイミングの悪さも手伝って、出版当時すでにあった批判的な声はほとんどかき消されてしまった。そして社会はそのまま、全体として理性を失っていったのだ。

引き裂き、締めつけ、突き刺し…人はどこまで残虐になれるのか

●血も凍る「拷問法」の数々

よく用いられていた拷問のひとつは、体を「ひっぱる」ことだ。台の上で体を水平にのばすものと、綱で上から吊り下げるものとがある。台を使う場合、手と足をそれぞれ2本の棒に固定し、それらの棒を逆方向に引っ張っていく。一方向にしかまわらない歯車がついていて、それをそれぞれ逆方向にまわして徐々にひっぱる仕掛けも多かった。上から吊り下げるやり方は、たいてい後ろ手に縛《しば》りあげたところに綱をつないで徐々に上げていく。足が床から離れると、後ろへまわした両肩のところに全体重がかかる。そして自白を引き出せなければ、少しずつ高いところへ引

っ張り上げる。滑車《かっしゃ》がついていて、拷問人が手をゆるめると受刑者はとうぜん落ちる。それを、床すれすれで急に止めたりするのだ。こうされると、あっけなく肩や肘《ひじ》の関節が脱臼《だっきゅう》する。筆者も経験があるが、スポーツで肩や肘を脱臼したことのある読者は、あのままの状態で何度も吊り上げられてはまた落とされる痛みを想像してみていただきたい。

「鞭《むち》打ち」も、イメージよりはるかに恐ろしいものだ。拷問人は二、三歩走って、勢いをつけてから鞭を力いっぱい走らせる。鞭の先のほうには、たいてい結び目が何個もつくってある。あるいは、ご丁寧に鋲《びょう》がいくつも留められているものもある。釘《くぎ》や小さな鉄の破片が何個も結びつけられた、持って歩くだけでジャラジャラと重い音をたてるようなものまである。その威力は、映画『パッション』（メル・ギブソン監督）などを観るとよくわかる。たいてい、一撃で皮が破れて血が噴き出す。

拷問は、たいてい時間をかけてじっくりおこなわれる。『魔女への鉄槌』にも、急がずにじっくりやれと書いてある。そのためには、出血量の少ない方法が効果的だ。水を飲ませる場合は、少しずつ、時間をかけて大量にだ。被告人は眠らせない、も基本だ。眠りそうになったら、とにかく痛覚を刺激せよ。

ほかには、たとえば椅子《いす》に座らせて、手足を固定する。2枚の鉄の板の間に、指を挟《はさ》む。「指締め」とよばれる鉄の板は、万力《まんりき》のようになっていて、ネジをまわすたびに少しずつ上の鉄板がおりてくる仕掛けになっている。指は両手両足で20本もあるので、一度に1本か2本ずつがよい。たいてい、まずは両手の親指からだ。ドアや引き出しに指を挟んだ経験なら誰でもあるだろう。あれをジリジリと、長時間やられるのだ。ネジをギリギリとまわしていくと、最後には骨が砕ける。もし生きて出られたとしても、もう仕事に指は使えない。そのため、出所後に復職できず、悲観して自殺するのは、たいていこの刑の犠牲者だった。

◆スペインの靴

同じような「締めつけ」系の道具にはさまざまなものがあった。指ではなく、腕や脚全体を締めあげていくものもよく用いられた。何かを挟んで締めあげることのできる突起状の部位なら、どこでもよかった。手足以外によく狙われたのは、女性の乳房や男性の睾丸《こうがん》だった。もしくは、挟んでいくときに重量をかけていく方法も一般的なものだった。この場合、脛《すね》がよく狙われた。脛をイスの角などにぶつけるだけで、たいそう痛いものだ。脛の、骨がある前側を挟む木材を、まったいらな板状にせず、角ばった角柱にするとなお効果が高かった。いやそれよりも、ピラミッド状のゴツゴツした金属製の突起を並べた器具で挟んでいくほうがさらに効果的だった。これで脛の前と後ろを挟み、ネジでギュウギュウと締めていくのだ。

この器具は通称「スペインの靴」とよばれていた。首の部分に同様の器具を用いることもあった。男性は咽喉仏《のどぼとけ》があるので効果的だった。しかし、ちょっと強く締めあげると咽喉仏が折れたり、窒息《ちっそく》や頸椎《けいつい》骨折などで死んでしまいやすいため、加減に注意を払う必要があった。また「スペインの靴」とよく混同されるが、実際に靴をはかせて、その上から楔《くさび》を打ったり、槌《つち》で叩いたりする方法もあった。もしくは赤く焼けた鉄製の靴をはかせる方法も存在した。

◆鉄の処女

あるいは、どこかを挟んでつまみ、引っ張っていく方法もたまに採用された。当然ながら突起状のところが痛めつけられた。また、椅子に座らせるだけというやり方もあった。ただし、その椅子には、背中があたる部分にもお尻の下のところにも、鉄製の釘《くぎ》状の突起がびっしりと表面を覆《おお》っているのだが――これと似たものに、「鉄の処女」とよばれる有名な装置がある。これは大きな人形の箱になっていて、前半分が蓋《ふた》のようにパカッと開くようになっていた。その中へ容疑者を入れ、扉を少しずつ閉じていくのだ。当然、箱の中は前も後ろも鉄の針でいっぱいだ。

ローテンブルクの中世犯罪博物館にある「鉄の処女」(鶴田英之撮影)

完全に蓋がしまると被疑者の体を無数の針が完全に貫通する。出血もはなはだしく、実際にこれが用いられるときには、すでに審査官たちに容疑者の命を助けるつもりなどありはしない。

しかしこの器具は、よく知られているわりには、実際に魔女裁判で使用されたことはほとんどなかったものと考えられている。大げさな大型器具なので製作やメンテナンスにあまりにコストがかかる点がひとつ、そしてもうひとつの理由は、やはり容易に容疑者が死んでしまうからだろう。

こうした拷問があまりに辛《つら》いので、途中で自殺して楽になってしまおうとする者も多かった。当然のことだ。しかし残酷なことに、口の中に突っ込んだままにする、「梨《なし》」とよばれた鉄製の器具もかなり普及していた。もちろん、容疑者が自分で自分の舌を嚙《か》み切らないようにするためだ。そうやって心配の種を取り除いておいてから、拷問人たちは安心して、身の毛もよだつ拷問を続けるのだ。審査官たちは方法を指示するだけで、自分では直接手をくださない。一級下の執行人たちがやっているのを見ているだけだ。ときには容疑者を締めあげたまま何時間も放置して、自分たちは優雅にランチなどに出かけるのだ。

拷問の種類はあまりに多いので、ここですべて挙げることは不可能だ。あくまで代表的なものにとどめざるをえないが、このほかにも赤く焼けた鉄の棒を押しあてる方法など、拷問のやり方はまだまだ無数にある。性器や歯の神経など、痛覚が敏感な場所はとくに狙われやすい。爪《つめ》と肉

さまざまな拷問・処刑法を描いた16世紀の版画

の間に細い針を刺すのは、とてもよい方法だとマニュアルでも推奨されているほどだ。

魔女裁判の拷問法で、重要な基本コンセプトは次の3点であることがおわかりだろう。まず、自白する気にさせるよう「見た目からして恐ろしい器具」で、効果が高いように「苦痛が激しく」、そして出血多量などですぐに死なないよう、「時間がかかる」方法であることだ——残忍さの上限が、どこかで外れているように感じられるだろう。だが間違ってはならないのは、「昔の人は野蛮だったのね」ですませてしまわないようにすることだ。それでは魔女裁判という現象を片側からしか見ていないに等しく、またそれだけならば、私たちが魔女裁判を学ぶ意味さえない。

私たちと何ひとつかわらない普通の人間が、集団で魔女裁判を作り出し、その存在を許し、さらには協力までした点を忘れてはならない。何があったかを知り、どのような経緯で何が原因で起こったかを考え、私たちのよき反面教師とすべきだろう。

「罪の告白」を強いる裁判官の恐るべき妄想力

●ある〝魔女一家〟の証言記録

こうして、魔女は自白を始める。裁判での証言記録がかなり残っているので、その荒唐無稽《こうとうむけい》さがよくわかる。「おまえは悪魔と姦淫《かんいん》したか」といった質問に「はい」と答えさせるだけで、記録上は「わたしは悪魔と姦淫しました」と書かれることになる。ということは、そこに書かれたすべては、尋問している審問官の頭の中にこそあることなのだ。

魔女裁判史上に名高いパッペンハイマー裁判の記録が残っている。詳細な史実をもとにミヒャエル・クンツェがドキュメンタリー仕立てにした『火刑台への道』からは、司法側の妄想力のすごさが伝わってくる。

(七本もの赤ん坊の手を、おまえの兄弟たちはどこで手に入れたか、と聞かれて)

「三つは乞食の子供から切り取りました」

(残りはどうした、と聞かれて)

「臨月近いお腹の大きい女を殺し、腹を裂き、中に入っている赤ん坊の手を切り取りました」

（鍋谷由有子訳から略引用）

驚くなかれ、この恐ろしい証言をしているのは、ヘンゼル・ペムプという名の、まだ10歳そこそこのあどけない少年なのだ。どう考えても、こうした残忍な証言内容を考え出したのが、この少年自身であろうはずがない。低地バイエルン地方で捕らえられた、夫婦と子供3人のペムプ（パウルス）一家は、便所掃除人（パッペンハイマー）を生業《なりわい》としていた。彼らの裁判は1600年に、ミュンヘンで開始された。

（一家の父が自白して言うに）

「当初自分には妻がいるから、と女の淫《みだ》らな誘いを拒絶したのですが、結局、さまざまなことを約束された結果、交わりを結んでしまいました。その後、女は自分はエルリンという名の悪魔であると言いました」（同）

尋問者の目的のひとつは、共謀者や魔女の仲間の名を知ることだ。こうして、彼ら一家からある粉屋へと被害が拡大する。粉屋の主人は拷問中に死に、その妻が自白、ついでに娘も魔女だと白状する。娘は最初、知らないことは知らないと抵抗するが、ついに観念する。

「父が皮を剝《は》ぎ、母が血を洗い流し、私が料理しました。それから私たちは火のまわりで踊りました。それはとてもおいしい肉でした」（同）

食べた肉とは、さらってこられたどこかの子供のことだ。不思議なことに、女悪魔から誘惑されたり、子供の肉を食べたりするディテールはかなりの数の裁判記録で一致する。もちろん、その理由はもう私たちには明らかなはずだ。基本的にマニュアルに沿って進められているので、すべて似通っていても当然なのだ。そしてこうした自白が詳細であればあるほど、そして執拗《しつよう》であればあるほど、自分がおこなっている行為が正義だと信じて疑わない狂信者ほど怖い者はないことを、私たちは、審問官の姿によって教えられるのだ。

生身の人間ひとりが息の根を止められるまで——●残忍すぎる「処刑法」の数々

自白さえ引き出せれば、もう魔女だ。殺してかまわない。処刑するにあたっては、魔女は基本的に火刑に処せられた。次項で述べるが、火には浄化の力があると信じられていたので、邪悪なものをあとかたもなく消去するには最良の手段だと思われていた。そのため魔女裁判と、それを含む異端審問で広く用いられた。

しかし人ひとりを丸焼きにするのは容易なことではない。しかも生きながらジリジリと焼いていくのだが、体内には血液などの大量の水分がある。強い火力がいるし、長い時間燃えていなければならない。

そのため、火刑の前には入念な準備がなされた。まずは地面に敷いた石の上に、乾燥させた木

1555年にドイツで執行された魔女の火刑の記録

を、キャンプファイヤーのときに組むような形に積みあげる。このとき、充分な隙間《すきま》があくように気をつけなければならない。空気の通りをよくするためだ。その上から、藁《わら》を積みあげる。そこへ、発火をよくするためにタールを塗る。2人焼けば、1トンものタールがなくなるほど、大量にかつまんべんなく塗っておくのだ——想像してみてほしい。ろうそくの炎のいくらか上のところに、しばらく指をかざしただけで、私たちには熱くて耐えられないのだ。くり返すが、魔女とされた人たちは「生きたまま」焼かれたのだ。

◆しばり首と斬首

絞首刑は、それに比べればまだましに思える。当時の記録にも、火あぶりのところを〝恩情により〟しばり首に減刑した例が多いことでも、また現代でもこの刑がいまだに使われていることからもそれがわかる。たいてい、足もとの台を外したり、羽目板《はめいた》が開いたりすることで、受刑者は落下する。首にまいた紐《ひも》がしまるのだが、窒息して死ぬのではない。頸動脈を圧迫することで脳への血流が止まり、死に至る。高さのあるところから落下したときに、いきなり首にかかる衝撃は大きい。そのため、頸椎が砕けたり外れたりする。わざわざそうなりやすくするために、首に左右均等に重さがかからないよう、片側の耳のところに結び目がくるようにする。そうすれば、衝撃がかかった瞬間、首が片側にクイッと強く曲がってひねられることがおわかりだろう。

男性の場合は、首を斬《き》られることも多かった。しかし、ひと太刀《たち》で両断することは相当に難しいことで、下手をすると何度か打ち続けてようやく首が胴体から離れる。あわれにも、その間、受刑者はたいてい意識があるままなのだ。切断された首に話しかけると目が開いただの、処刑後もしばらく意識があることを示す記録も数多い。

「最初の一撃は耳に落ち、耳と頰《ほお》が切れた。血が噴き出て、群衆が揶揄《やゆ》の叫びを上げる。受刑者は倒れ、傷ついた馬のように四肢をばたつかせた。(…)三度目にようやく頭を切り離すことができた」(ティケ夫人の処刑。モネスティエ『死刑全書』、吉田晴美ほか訳)

別の処刑では、32回も剣で斬りつけてようやく目的を達したという1626年の記録などがある。腱《けん》はなかなか切断しにくい。また女性の髪の束などがあると、まず一刀両断は不可能だ。人はそう簡単には殺してもらえないのだ。受刑者の受ける苦痛は途方もない。実際、当時の処刑の記録には、しばしば「打ち首の刑に処したが、斬り損じをした」といった記述がある。このような場合、斬りなおして死に至らしめるのだが、まれに恩赦《おんしゃ》の対象となって一命をとりとめることがあった。先に述べた神明裁判を思い出していただきたいが、このケースでは「一撃目で死ななかったのは、神がそう望まれたからだ」と解釈されたのだ。

しかし、司法側がそう思っても、見物している一般大衆がそれを許さない場合もあった。1889年のエレーヌの処刑はよく引用される例だ。この女性の首を、処刑人は何度か斬りつけたにもかかわらず、うまくいかない。群衆は怒って石を投げはじめ、処刑人は逃げてしまう。仕方がないので処刑人の妻が血だらけの受刑者の首を絞め、次いで鋏《はさみ》を手にして首や胸を何度も刺した。けっきょく、この受刑者はこれだけ痛めつけられても一命をとりとめるのだが、もはや抑制のきかなくなった群衆によって、処刑人夫婦のほうが血祭りにあげられてしまった。そう、斬首《ざんしゅ》や絞首刑にしても、火あぶりにしても、こうした処刑は一般大衆の面前でくり広げられた。それが司法の公開性のあらわれであったし、昔からそれが大衆の娯楽だったためだった。つまりは一種の見世物なので、群衆は「あざやかな処刑」に拍手をおくるのだ。こうした公開処刑については後述する。

◆磔刑と串刺し刑

そして図像として最も知られている処刑法が十字架刑だろう。イエスが磔《はりつけ》にされたのはT字やY字型、あるいはI字であって十字ではなかっただろうと考えられている。いずれにせよ、釘で打ちつけられた傷から出血し、亡くなるまでの苦痛の時間が長い恐ろしい刑だ。その途中で受刑者の脛《すね》や膝《ひざ》を槌《つち》で叩いて砕いていく処置がほどこされることも多かったが、出血量を増して死期を早めてあげようという、これでも「恩情」処置なのだ。

こうした十字架刑のルーツを、串刺し刑に置く見方もある。これは先を尖《とが》らせた木の柱や槍《やり》の上に、受刑者をのせて、肛門や膣《ちつ》を刺したままにする方法だ。受刑者の体はその重みで自然に下がっていき、ついには全身を貫通して咽喉《のど》や眼窩《がんか》から突き抜ける。クラクラしてしまうほどに残酷な刑で、さすがに使用率は時代を下るにつれて低くなっていく。

しかし、相手が「人間ではない」場合なら話は別だ。それは、相手が異教徒や異端、あるいは別人種ということを意味していた。実際にカタリ派などの異端宗派の虐殺《ぎゃくさつ》に用いられた。そして、そのあまりの残虐さがそうさせるのか、この刑は病的な大量虐殺者に好まれた処刑法でもある。「ドラキュラ」のモデルとなったことでも有名な、ルーマニアのヴラド・ツェペシュ3世もそのひとりで、そのため彼は「串刺し公」ともよばれている。

ほかにも、皮を剝《は》ぐ、目をつぶす、手足を切り落とす、石で打つ、釜《かま》で煮る、目や鼻をそぐ、腹を裂いて腸をとりだすなどなど、歴史に登場した処刑法はいくらでもある。まったくそのバリエーションの豊富さには驚くほどだ。それらの中のいくつかを、以下でとりあげて見ていこう。それらを生み出した思想背景や社会構造がわかるはずだ。

●追加刑が示す〝浄化〟の概念

処刑された罪人を、なぜ〝再度、処刑する〟のか

「打ち首の上、車裂き」（1579年8月6日、泥棒と追い剥ぎをした3名）
「打ち首の上、車裂き」（1580年3月3日、弟を殺して事故に見せかけた男）
「打ち首の上、牝牛とともに火刑」（1581年8月10日、牝牛や羊を相手に獣姦をした男）
「打ち首の上、火刑」（1582年7月17日、放火をした女）
「打ち首の上、車裂き」（同年7月27日、妊娠中の妻を殺した男）（以上、藤代幸一訳より略引用）

この日記を残したのは、フランツ・シュミットという男だ。彼は16世紀後半にニュールンベルクで処刑執行人をつとめていた。彼ら処刑人は社会では最底辺に属しており、軽蔑されてはいたが、しかし実入りは悪くなかった。ひとつポストが空くと、かなりの応募者があったこともわかっている。彼が詳細な日記を残しておいてくれたおかげで、この仕事がどのようなものだったのかもおおよそわかっている（『ある首斬り役人の日記』）。フランツは40年間にわたってこの仕事をつとめ、361人の命を絶った。最初と最後の数年の執行数はごく少数なので、おおよそ年あたり20人を処刑した計算になる。もちろん、町の処刑人は彼だけではない。

彼は処刑した囚人の、罪状と処刑法を詳細に書き残している。そのなかに、ここに挙げたいくつかの例のような記述が出てくる。お気づきだろうか。いずれも、「打ち首」のあと、「火刑」か「車裂き」にされている。つまり、首をはねられてすでに死んでいる者を、さらに処刑しているのだ。こうした処置のことを「追加刑」とよぼう。もちろん、すべての死刑囚に対して、このような無駄な追加刑をほどこすことはしない。処刑を追加すると、それだけ余計にお金もかかる。しかしこうした例は、フランツによる記録の中にも、わりとひんぱんに出てくる。ではなぜ、彼らは再度殺されたのか。

◆追加刑の共通点

追加刑には、いくつかの特徴がある。ひとつは、さまざまな処刑法がある中で、追加刑に用いられるのはほとんど「火刑」か「車裂き」のみであること。そしてもうひとつは、追加刑が加えられた受刑者の「罪状」にみられる共通点だ。さらに彼の１５８７年の日記を見てみよう。

「お慈悲により打ち首の上、屍《しかばね》は火あぶりにされた」(6月8日、放火魔)

「彼女は首が曲がっているので、お慈悲をもって打ち首の刑に処した」(8月29日、強盗殺人犯)

「お慈悲により打ち首で処刑された」(10月3日、夫を殺そうとした妻、未遂におわる)(同)

こうした記述でまずわかることは、当時も明らかに、生きたままジリジリ焼かれる「火あぶり」よりは、スパッと瞬時に即死する「斬首」のほうが人道的な方法だと認識していることだ。ではなぜ彼らが減刑の対象となったか。先の例でみると、8月29日の例では殺人犯ながらも犯人が身体障害者であったことがその理由であり、最後の例では、殺人が未遂におわっている点がその理由と思われる。

◆非道きわまる「車裂き」の刑

ところで「火あぶり」ならわかりやすいが、「車裂き」とは何だろうか。減刑されて斬首になっている例があることからもわかるように、車裂き、すなわち「車刑」も、「火刑」に劣らずじつに恐ろしい極刑だ。生きている受刑者に加えられた例で見てみよう。まずは台の上に、受刑者を仰向けに寝かせる。手足は綱で1本ずつ、ピンと四方から張り、大の字になるようにする。次に、腕の肘から先の部分を例にとって説明すると、ピンと伸ばされている腕の下に、三角柱の形をした角材を入れる。ちょうどレールの下の枕木のように。肘からからすぐ上のところに1本、そして手首のところにもう1本を敷く。そうすると、その2本の枕木の中間は、腕と台までの間に空間ができる。こうした処置を、体のあらゆる部位にほどこす。これで準備完了だ。

さて次に「車刑」というからには、車輪を用意しなければならない。直径1メートルを超えるほどの、大きな車輪だ。木製のものと、鉄製のものとがある。車輪の周囲には、突き出た鉄製の突起が並んでいることが多い。処刑人は寝かされた受刑者の上に立ち、車輪を両手に持って高く掲げる。それから、車輪の重さを利用して、受刑者の体の上に落としていく。ポイントは、先ほ

1768年にドイツで執行された公開車刑の記録

どの「2つの枕木の間」へ上手に落とすことだ。うまく命中すると、当然ながら骨はきれいに折れる。それも、車輪が落ちる「ドンッ」という低い音に交じって、骨が折れる「ポキッ」という高い音が、ちゃんと周囲に聞こえるように。

当然ながら、受刑者の痛みは尋常《じんじょう》ではない。しかもこの刑の残酷なところは、人体にはこうやって折っていける箇所がけっこう多いことだ。さらに、骨折は皮の内部で起こるだけで、出血量をある程度おさえることができる。そのため、死亡するまでにかなりの時間がかかるのだ。そして手足の骨をすべて折りおわったら、今度は肋骨《ろっこつ》を1本1本折っていく。それらが肺などに刺さっていって、ようやく受刑者は死に至る。

あるいは、車輪の外周に、背中をつけるようにして受刑者を巻いて、くくりつける方法もある。

この場合の車輪は、とても大きいものだ。このとき、車輪は立てて使う。これを、両側に立った刑吏《けいり》が息を合わせて、ゴロンゴロンと転がしていく。前と後ろに、いったりきたり。車輪には例によって突起が並んでいるので、受刑者の体はちょっとずつ裂けていく。亡くなってしまうか、あるいはその寸前になったら、車輪に受刑者の体をからめて、高く掲げて放置する。これら上記の2つの方法を交ぜた、複合的な処刑法もある。

◆刑に「火」や「車輪」が用いられた理由

この処刑法は、見た目にも派手だ。おまけに「火刑」も「車刑」も、残酷なわりには死ぬまでに時間がかかる。次項で述べるが、こうした「時間のかかる」「派手な」処刑法は、公開処刑にはうってつけだった。追加刑とは、すでに死んでいるものに加えられている時点で、すでに儀礼的な意味合いしかない。それが一種の儀式だからこそ、一般に公開される必要性も大きいのだ。「儀式」としての公開処刑に、「火」や「車」が選ばれた理由は、派手で時間がかかるからだけではない。思い出していただきたいが、神明裁判で用いられたのは、「水」や「火」だった。つまりそれは、人間のあずかり知らぬ神の領域の審判に用いられるものなのだ。水は洗礼の、そして火は「神の愛」や「神の罰」のシンボルだ。水は何か汚れたものを綺麗《きれい》に洗い流す。いっぽう、火は何もかも灰になるまで焼き尽くす。つまり、ここには「不浄なるもの」を「あとかたもなく消去できる」手段として、「火」が選択されているのだ。

では「車」は、なにゆえか。それは、古来、〝円〟という形は「完全なるかたち」、すなわち「神聖なもの」であって、さらにはそれが〝黄道十二宮（いわゆる占星術上の十二星座）〟のような「時間」や「運命」を意味する形態と重ねあわされていたからだ。同様に、糸を紡《つむ》ぐという行為は、〝運命をたぐりよせ〟たり、〝命をつないだり、切ったり〟する行為を連想させ、そのため「糸紡ぎ車」がいつのまにか、「時間」や「運命」を意味する図像となっていたのだ。だからこそ、エヴァ（イヴ）は、「死」を人類に招いた張本人として、家事を意味すると同時に死をも意味する「糸紡ぎ棒（や車）」と一緒に描かれることがよくあったし、ギリシャ神話でも「運命を司《つかさど》る三女神」はそれぞれ、〝糸をつむいで〟〝測って〟〝切る〟三人組で描かれたのだ。

こうして、なかば「輪廻転生《りんねてんしょう》」を思わせる「車輪」による処刑も、「業火《ごうか》」によって燃やす処刑も、つまるところは「不浄なるもの」を「完全に根絶やしにする」ためにこそ選ばれた儀式となったのだ。前述のフランツの日記でもわかるとおり、こうした追加刑を必要としたのは、「獣姦」した者や「尊属殺人（父母、祖父母、おじ・おばなどを殺すこと）」者など、当時いかにも「人の道に外れた」感じがしたケースばかりなのだ。また、「放火する」者や「子供を殺す」者などは、それこそ「魔女」がやると思われていたことだ。

人間の犠牲者が出ていない放火犯が追加刑の対象になっていることからもわかるように、人を殺したかどうかがポイントではない。彼らは人の道を踏み外した「不浄」なる存在と考えられたからこそ、追加刑という儀式によって、火や車であとかたもなく「消去」される必要があったのではないだろうか。

●娯楽としての公開処刑

ワインを片手に"処刑観賞"を楽しむ民衆たち

前項で見たような「儀式」としての処刑には、公開性が不可欠な要素となる。宗教的な生贄《いけにえ》として心臓を取り出す古代の儀式も、捕らえた敵将の首を斬るような、太古の昔からある儀式も、ともに群衆の前でとりおこなわれる必要がある。そして同時に、娯楽の少ない時代には、それは退屈な日常をときおり忘れさせてくれるハレ的なイベントとして機能した。

人々は目の前でくり広げられる惨劇に興奮して、日頃の鬱憤《うっぷん》を少しは解消したことだろう。円形闘技場の中での剣闘士たちによる派手な殺し合いと、刑場での残酷な殺戮《さつりく》ショーに、古代の人人は同質のものを求めていた。長年にわたって相手を倒し続けた剣闘士はスターとなって、最後には自由市民の地位をあたえられた。いっぽう、鮮やかな手際で処刑場という劇場を沸かせた処刑人に、大衆は拍手喝采《かっさい》した。だからこそ、儀礼的な処刑になればなるほど、派手で、時間がかかる必要があった。火刑や車刑については前項でも述べたとおりだ。

火や水は、それ自体に浄化の力があるからこそ儀礼的な刑としてとりいれられたのだが、「四つ裂き」ともなると、それが公開処刑として好まれたのはただ単に、時間と派手さと残酷さの面で、公開処刑としてうってつけだったからという理由以外にない。これは手足にそれぞれ馬を綱でつないでおこなう方法だ。そして4人いる馬丁が、馬の尻を鞭《むち》で打つと、馬はそれぞれの方向へ走り出すので、手足がもげるという処刑法だ。しかし、4頭の馬を同時に4方向へ駆け出させるのは至難《しなん》の業《わざ》だ。馬丁はお互い顔をみあわせて、鞭を振り下ろすタイミングをあわせようとする。しかし息はなかなかあわないので、何度もくり返すことになる。そのため時間がかかるのだ。

フランスではこの刑の詳細な記録が2つ残っていて、2件とも受刑者は重罪をおかしたテロリストだった。最初が1610年にアンリ4世を刺し殺した政治犯で、2人目は1757年にルイ15世を殺しそこなったダミアンという暗殺犯だ。

王を殺そうとしたのは重罪中の重罪なので、久々に四つ裂きの刑がとりおこなわれた。久々なのは、この刑が、日常的におこなうにはコストがかかりすぎるせいでもあった。ダミアンの処刑は当時かなり告知されたので、この一大イベントを目撃しようと、ヨーロッパ中からパリのグレーヴ広場へ、流行に敏感な物好きたちがやってきた。その中にはカサノヴァ（史上最も有名な〝色男〟）もいた。興味深いことに、彼は最もよい見物席を確保するために、わざわざ広場に面した部屋をこの日のためだけに借りている。まるでフォーミュラ1のモナコグランプリの沿道でこんにちなされているようなことが、当時は刑場の広場で起こっていたのだ。処刑がいかに一大イベントとしてとらえられていたか、よくわかるエピソードだ。色事師《いろごとし》としても有名なカサノヴァが記した膨大な回想録は、当時のこうした風俗もよく伝える貴重な同時代史料となっている。

◆四つ裂きショーの一部始終

さて、この日のイベントでは、演出家が凝《こ》りに凝った筋書きを用意していた。囚人を乗せた護送馬車は街じゅうを練り歩き、その後をゾロゾロと人々がついていく。男も女も、子供たちもいる。どうせ何時間もかかることはわかっているので、パンやチーズ、ワインなどを皆、手に提げている。処刑広場ではどうせ出店もズラリと並んでいるのだろうが。

夕方、広場に一行が到着すると、司法官がダミアンの罪状を読みあげる。彼のかたわらには聴《ちょう》罪《ざい》司祭が、囚人の最後の息の瞬間に罪を告白させようと待ち構える。しかしどうせ彼の出番は数時間後だ。まずは赤く焼けた鉄の棒が取り出され、執行人が高く掲げる。群衆からはどよめきがもれる。棒はジューッという音をたてながらダミアンの手へ、足へ、ついで胸へと押し当てられる。罪人の叫び声が広場にひびきわたる。だが心配ない。そう簡単に殺してしまうわけがない。これはほんの小手調べ。叫びは始まりをつげるファンファーレなのだ。

赤く焼けた皮膚には、煮えたぎる油がたらされる。少しずつ、時間をかけながら。ドロドロに熔《と》けた鉛《なまり》もそそがれる。ゆっくりと。そのたびに罪人の苦痛の叫びが刑場にこだまする。見ている人々の期待はいやでも高まっていく。右手はとくに念入りにいためつけられる。なぜなら、そ

1757年にパリで執行されたダミアンの公開四つ裂きの記録

れは王に対して振り上げられたナイフを握っていたからだ。こうしてじっくりと料理しているうちに、ダミアンはしだいに精神に異常をきたしていく。口から泡をふき、わめき、挑戦的なうわごとをいいはじめる。

それからようやく、手足に綱がかけられ、馬がつながれていく。一度目、3頭に引っ張られて1頭がころんでしまう。やり直し。二度目、今度も息があわない。そして三度目も。執行人たちは、四人の手足がバッツンと派手に胴体から離れるように、すでに何度も引っ張られて脱臼し、伸びきっているダミアンの肩と股にナイフを入れ、腱だけを切断する。四度目、ようやくダミアンの断《だん》末魔《まつま》の叫びとともに体がバラバラになったときには、処刑開始からすでに4時間が経過していた。

宗教裁判では、スペインで特徴的だった「アウトダフェ」が、その娯楽イベント的色彩を強く露呈している。これは魔女狩りを含む異端審問における、正式な懲罰法、といった程度の言葉なのだが、問題はこの懲罰法にさえ従っていればよい、という解釈にもなったことだ。

宗教裁判所は、自分たちだけでは増えすぎた処刑のすべてをまかなえないので、世俗裁判所に処刑を委ねるようになる。そこではプロの執行人をやとって、数多くの処刑をこなすのだが、アウトダフェの条件を満たしているかぎり、実際には何をしてもよい。執行人による華麗な処刑ショーは、前述したように民衆の娯楽の側面があるので、死刑囚をためておいて、何人も一挙に処刑する。ひとりひとりにはじっくりと時間をかけるので、それこそ大衆にとっては一大イベントとなるのだ。

こうしたアウトダフェは、実際に王侯貴族の結婚式などで、ハイライトとしておこなわれることさえあった。いくら当時には数少ないイベントだといっても、処刑を、よりによって結婚式の添えものとするとは——。

暗澹《あんたん》とさせられるダミアンの処刑も、これが1757年のことであることを再度強調しておこう。そろそろ背後に革命の足音が大きくなってきた、近代も終わり頃の出来事なのだ。その時代に生きていたら確実に、私たちのほぼ全員が、この広場へ見学に行っているはずだ。そして目の前の血染めのショーを観ながら、固いパンを真っ赤なワインで流し込んでいるに違いない。

●魔女裁判の〝深層〟

つまるところ、なぜ「魔女狩り」は起きてしまったのか

魔女裁判は、長期間にわたってヨーロッパに巣食う腫瘍《しゆよう》だった。とりわけ15世紀の終わりから の200年間に、そのピークを迎えた。ちょうど盛期ルネサンスからバロックにかけての、文化の華の時代にあたる。その間、無数の人々が魔女として検挙されていった。もちろん、地域と年代によって状況はまちまちだ。パリでは魔女として死刑を宣告されても、およそ4人に1人しか実際に極刑は適用されなかったし、イギリスではそもそも検挙数自体が少なかった。累計ではたしてどれほどの犠牲者が出たのか、研究者間でもいまだに一致はしていない。なにしろ30万人説から900万人説まであるのだ。しかし、重要なのは数の多寡《たか》ではなく、無視できないような規模の現象が実際にあったこと、それ自体が重要なのだ。これまで書いてきたような恐ろしいことが、実際にヨーロッパ全体を暗く覆っていたのだ。

では、なぜこのような現象が起きたのか――この質問に答えるには、さまざまな側面からの分析が必要になる。まず、これまで見てきたような女性性への嫌悪がある。後述するように、エデンの園で最初に禁断の実をとって食べたのがエヴァ、つまり女性だったことは、魔女を攻撃していた者にとっての根拠であり、言い訳でもあった。女性は誘惑に弱い。男性を誘惑する。女性と

は、悪事に染まりやすいあわれな存在なのだ。こう自らに言い聞かせながら、正義と思って女性の性への無知と誤解を、不信と軽蔑を、恐怖と怒りを実際に形にするのだ。

こうして魔女裁判は、女性の社会進出を妨《さまた》げることにもなった。女性が従事していた数少ない専門職だった、産婦人科や薬草作りはとくに目をつけられた。西洋に深く根づいていたこうした構図の理由を、宗教が生んだ起源や構造も含めて、次章以降でも見ていくことになるだろう。

そして次に、迫害の構図がある。かつてキリスト教徒は自分たちが迫害されていた。何かの災いの理由として。それと同じ構図を、今度はキリスト教ヨーロッパが主体となって実行する。その相手はユダヤ教徒であり、あるいは異教徒であり、異端の徒だった。ヨーロッパにいたユダヤ人の状況はどうだったか、そして異教徒間の文化衝突とはいかなるものか、また異端とは何か、これも次章以降で見ていくことになるだろう。

何か災いがあれば、人間はその原因をどこかに求めなければ気がすまない。こうして、歴史上何度も見られた、天災のあおりをくう犠牲者たちの存在がつくられる。後に述べるユダヤ人や物乞いの項でも、私たちは同じ構図を見ることになる。

◆インフレと天候魔女

魔女裁判においても、この構図をじつに明快に示した研究がある。シュレースヴィヒとホルシュタイン地方での、1600年から1679年までに魔女として検挙された被告の数の推移と、同じ期間における穀物の価格の推移を比較したシュルテの研究だ。これを紹介した浜本隆志氏によれば、この期間の2つの数値の増減はみごとに一致している。つまり、凶作などでインフレ状態になると、魔女裁判が増えるのだ。

魔女がはたらく悪事のひとつとして、天候を思いのままにあやつるというものがあった。これを「天候魔女」とよんでいる。事実、16世紀を通じて、ドイツは慢性的な穀物のインフレに苦しめられていた。小麦の価格上昇率は560%、大麦は850%といった、信じられないような数字がならぶ。牛肉も100年間でおよそ5倍の価格になった。天候魔女たちは、こうした自然現象のツケを一方的に押しつけられていたのだ。

天候魔女を描いた15世紀の版画

社会的な搾取《さくしゅ》の構造も拍車をかけた。裁判は訴えられた被告の負担となり、有罪となれば財産はすべて没収された。裁判費用は今も昔もばかにならない。費用には、拘留《こうりゅう》中の被告の食事代や裁判に関わる人たちの日当といった、当然かかるものもあれば、毎回減るものでもないだろうに、鎖などの器具代や、はては関係者の酒代が計上されていたりもする。

裁判に伴い居酒屋での高笑飲食がおこなわれ、必要以上に経費が膨らむ傾向があるが、このような悪習は止め、裁判費用は法定するものとする――（トリアー選帝侯による魔女裁判の法令、1591年12月8日。牟田和男訳）

法律にこうした項目がわざわざ加えられていることで、かえってこうした事例が多かったことを想像できるというものだ。同様に、〝探し屋〟に対して、ひとり探し出せばいくら、という報酬制度が不正を招いたことも先に述べた。狙い撃ちすれば政敵を倒すチャンスにさえなる。裁判とは関係者にとって、さぞかしおいしい仕事だったのだろう。こうして、ごくごく普通の人々が、生きたまま火で焼かれていったのだ。

「なんども尋ねられているうちに、裁判官が誰と誰とを私に密告させようとしているのかがわかりました。そこで私は、うわさにのぼっている数人の名をいいました。しかし、その人たちがどんな悪いことをしたのか、私はなんにも知らないのです（…）」（逸名牧師による、死刑囚ウォルラートの告白の記録。17世紀前半。森島恒雄訳）

「私が悲しみと不快の原因を与えたすべての人々に対し、縁者が逮捕され告発されたすべての人々に対して、塵《ちり》の中に伏して心から許しを願いたいと思います」（大量の犠牲者を出し、後

に関係者の多くが冤罪《えんざい》を認めたことで有名な、アメリカの「セーラムの魔女」事件での、アンの告白。市場泰男訳）

魔女裁判ほど、大量の死刑囚が出て、しかもその全員が完全なる無実だとわかっている例など、ほかにない。加害者側も被害者側もごくごく普通の人たちで、ふとしたきっかけで、そのどちら側にいくかが決まった。

◆ある一家の悲劇

「愛するお母様！　私たちは元気でいます（…）。親愛なるお母様、ご自分のために苺《いちご》を買ってもらったり、パンを焼いてもらったりして下さい（…）。お元気でね、愛するお母様。お母様がまた私たちのところへ帰ってこられるまで、お家のことは何も心配する必要はありません（…）」（ネルトリンゲンで魔女の嫌疑をかけられて収監中のレベッカ・レンプに宛てた、子供たちからの手紙）

「愛するあなた。心配なさらないで下さい。たとえどんなに多くの人々が私のことを告発しようとも、私は無実です（…）。神様、どうか私からお顔をそむけないで下さい。あなたは私の無実をよくご存知のはずです（…）」（レベッカ・レンプから夫への手紙）

「私は、私の妻が、罪ありとされている一切のことを、彼女のこれまでの人生において一度として考えたことすらなく、いわんや妻がそのようなことを、かつて実際にいささかなりとも行為によって実行したことなどないと思っており、かつそう信じております(…)」(レベッカの夫が、参事会へ送った嘆願書。以上すべて新藤美智訳)
——1590年9月9日、レベッカ・レンプ火刑。

「だれよりもまず僧たちが、これは魔女のせいであることは疑いがない、などと叫びだす(…)」

「魔女裁判を委託された裁判官は、往々破廉恥《はれんち》で卑劣な人間である(…)。彼らは度《ど》し難《がた》く、傲慢《ごうまん》で、貪欲《どんよく》で、残忍な人間なのである(…)」

「拷問は完全に廃止し、これ以上使用すべきではない(…)」

「誓っていえることだが、判決を受けた魔女のなかで、あらゆる点からみて彼女はじっさい有罪である、といえるような女性にたきぎの山までついていったためしは、わたし個人としてはこれまで一度もなかったことである(…)」(以上すべて川崎豊彦・坂井洲二訳)

——魔女裁判の不当性と非人道性を激しく攻撃した、イエズス会神父シュペーの言葉。


シュペー神父以外にも、魔女裁判そのものに疑問を呈する人はいた。彼らがたてつづけに告発書を出したのは、早くも17世紀前半のことで、魔女狩りの末期のことではないのだ。しかしその後、徐々に下火になりはじめ、件数自体も減っていったものの、最後の数件の事件をもって最終的にこの現象が終焉《しゅうえん》を迎えるまでには、18世紀末まで待たなければならなかった。

2章——

「死」と「病」と「戦争」をめぐる血みどろの惨劇

●悲鳴と激痛の〝医術〟と、殺戮の実態とは——

死は長い間、人類の最大の脅威であり、最大の関心事だった。想像してみてほしい。人生はもっと短く、生まれた子のうちで成人を迎えることのできるほうが少ない時代を。頭が痛くても頭痛薬などあるわけもなく、手術をするにも麻酔さえない。もしあなたが手術中に痛みを感じないでいられたとしたら、最初の切開の痛みで運よく気絶したか、あるいは二度と目覚めなかったかのどちらかだ。かように病は無敵だった。そして死は絶対的な存在だった。

人間もただおとなしく死を待っていたわけではない。祈り、良かれと信じることをなし、医術を考案し、数々の対抗手段や福祉を創《つく》り出して抵抗した。迷信が生まれ、死への恐怖は宗教に利用され、日々の生活を律するための動機とさえなった。

そのいっぽうで、もとから短い寿命を人工的に短くする行為もつくり出された――戦争である。

思うに人類の歴史とは、「死」への恐怖によってつくられ、「病」との闘いによって前進し、「戦争」によって決定されたといえるだろう。ここでは、世界史の作り手となったこの三者についてとりあげてみよう。さまざまな逸話や図像から、人類がいかにこの三者に振り回されてきたかを理解していただけると思う。

ヨーロッパ全土を覆い尽くす腐臭に満ちた屍たち
●ペスト（黒死病）の猛威

それに感染した者は、だれでも全身に刺すような苦痛を覚えた。やがて（…）レンズ豆大の腫《は》れ物が、腿《もも》や上腕にできる。それは全身にうつり、病人が激しく血を吐くまで侵す。この喀血《かっけつ》は丸三日間続き、病人はついに回復することなく息を引き取る――（蔵持不三也訳）

1347年は、ヨーロッパにとって重い一年となった。10月はじめ、12隻のガレー船が南イタリアのメッシーナに入港した。乗っていたのはジェノヴァの船乗りたちで、コンスタンティノープル（今のイスタンブール）から出発して、地中海を横断してきたところだった。この船団が、その年から数年間にわたって全欧州を席巻したペストを、ヨーロッパへ最初に持ち込んだとされている。先の引用文は、その10年後に、あるフランチェスコ会士が回想の形で書いたものだ。

ペストは、それまでにも東ヨーロッパへ何度か小さな侵入をときどきくり返してはいたのだが、まともに直撃したのは1347年が初めてだ。そこからは、激しい勢いでイタリア半島から全ヨーロッパへと広がっていく。船団が寄港した町々がまずピンポイントで打撃をうけた。シチリア島で早くも大きな被害を出した船団は、船員が次から次へと死亡していったため3隻程度まで減りながらも、故郷へと向かっていく。しかし、騒ぎはジェノヴァ市にも聞こえており、市は無情にも寄港を拒否する。祖国に拒絶された生き残りの船団は、ジェノヴァ市民がコミュニティーをつくっているマルセイユへと入港し、そこで長い長い旅がようやく終わる。そして船団を受け入れた不運なマルセイユから南フランスへと、病禍《びょうか》は一気に広がっていく。

ペストは翌年にはアルプスを越え、1349年にはスイス全土とドイツの南半分、フランスのほとんどを勢力下におさめる。翌1350年には、北海と大西洋沿岸にそれぞれ達し、黒い死神はついに大陸全土を覆《おお》った。ペストはその後およそ3年間にわたってヨーロッパを徹底的に痛めつけ、ロシアに達し、さらに5年ほどかけてゆっくりと下火になっていった。しかしその後もペストは、ときおり思い出したように頭をもたげ、しばし荒れ狂ってはまた休みに入ることをくり返した。この病がなぜときおり勢いを急に弱めたのかは、よくわかっていない。

大陸と海を挟《はさ》んで対岸にいるイギリスも、無関係ではいられなかった。カンターらの計算によれば、イギリスの人口は1300年頃に600万という数に達していたが、その後ペストで激減する。その後もイギリスは何度となくペストの襲撃を受け、けっきょく、600万人という数に再び達したのは、なんと18世紀なかばのことという。人口が回復するまでに、400年以上の年月を要したのだ。

◆ペストの症状

歴史的なこの病禍のことを、単に「ペスト」といった場合、通常は腺ペストのことをさす。もともとはネズミなどのげっ歯類の病気だが、その血を吸ったノミが人を刺すときに、ノミの胃から逆流して内容物が人体に入るのが主たる感染原因だ。2日から1週間程度で高熱を発し、主として太腿《ふともも》の付け根のリンパ腺が腫《は》れあがる。このみみずばれが当時は死のサインであり、ペスト患者を治療して自らも罹患《りかん》した聖ロクスを描いた絵などでは、太腿のこの腫れを必ず見せている。自らの体にこのサインを見たこの聖人は、他人へうつさないよう山奥にこもる。このときに犬が食べ物を運んだとされるので、聖人は絵の中で必ず犬をしたがえている。対ペストのシンボルとして、ペスト禍に苦しむヨーロッパで数多く描かれた。

さて皮下出血による黒紫色の斑点《はんてん》が体中を覆う頃には、患者にはすでに神経性麻痺《まひ》が始まっており、あとは肺炎による死を待つばかりとなる。この斑点の色をもって、この病を黒死病《こくし》ともよぶ。しかしヨーロッパを何度も襲ったペストは、この腺ペストだけではなかったというのが、研究者の間でほぼ一致した見方だ。潜伏期間がもっと短いものや、患者数の尋常《じんじょう》ならざる増加率などが記録されていることから、人から人へ感染する肺ペストや、炭そ菌などがどこかで混じって一緒に流行した可能性などが挙げられている。いずれにせよ、抗生物質もなく、衛生環境も劣悪だった当時のヨーロッパを、黒死病は無人の野を行くがごとく、わがもの顔で荒らしまわった。

さまざまな説があるが、およそ2000万から2500万人の命を奪ったと推定されている。人数だけみれば第2次世界大戦のほうが多いが、当時の人口という分母を考えれば、ペストによ

ニコラ・プッサン、〈アシドドのペスト〉、1630年、パリ、ルーヴル美術館

る被害は圧倒的だ。あまり意味のない数字比べだが、その猛威がおわかりだろう。おおよそ「3人に1人が、ある日いきなり感染し、そのうち8割以上が死に至った」と考えてよい。

当時の知識では感染経路を正確に把握できないので、誰もが遺体に触れることをできるだけ避けた。そのため町のいたるところで黒い遺体が腐りはじめ、異臭がただよいはじめて蛆《うじ》の棲《す》み処《か》となる。ふつうキリスト者の遺体は棺《ひつぎ》に入れて埋葬するのだが、わざわざ死骸《しがい》を抱えあげてそのようなことをする勇気はない。あまりにおぞましいので、台車に死骸をこわごわ載せて、城門のはずれの崖の下へ落とすぐらいがせいぜいだ。そのため、ペスト患者をちゃんと棺に入れて埋葬しました、という――いっけん〝普通の行為〟にも思えるが、しかし実際には英雄的な――行為をたたえる絵まで描かれている。

不思議なもので、ペストが大流行する直前の14世紀ヨーロッパは、明らかに過剰人口をかかえていた。食糧不足が顕著《けんちょ》になりはじめ、インフレが何度かおきていた。そこへペストがやってきた。人口は一気に激減し、インフレが解消されるかわりに、大打撃を受けて活力を失ったフィレンツェなどでは、大銀行の破綻《はたん》が続いた。その後もペストは国家の勢力図を変え、産業構造を変え、そして人々の意識を変えていくことになる。

絵画も、ペストの影響をさまざまに受けた図像であふれている。聖母マリアが民衆をすっぽりとマントの内側に包み込む図像〈慈悲の聖母〉は、もともとは東方からもたらされたものだが、ペスト禍の西ヨーロッパで数多く描かれるようになる。もはや人々には、マリアに庇護《ひご》を求めることしか手段がなかったのだ。また、ペストは「天から放たれた矢」とも考えられていたので、無数の矢を射かけられてもなお生き返った聖セバスティアヌスは、ペストを跳《は》ね返す勇気をあたえる、対ペストの中心的なシンボルとなっていった。

〝神の罰〟と恐れられた病はどこからやってきたのか

●梅毒の歴史と仰天の治療法

ローマは最初、7つある丘の上で発展していった。河川沿いの低湿地帯はマラリアの発生地だったからだ。しかし「マラリア」とはMal aria、イタリア語で「悪い空気」という意味であり、蚊《か》が感染経路だと最初はわからなかったことを如実にあらわしている。1世紀にはマラリアが、そして2世紀には天然痘《てんねんとう》が大流行した。五賢帝のひとりマルクス・アウレリウス帝も罹患し、発症後1週間で死亡した。その間、家族に感染させないよう、皇帝は面会を自ら拒んでいた。

その後しばらくは、安泰の時期が続いた。伝染病はあるにはあったが、比較的小さな流行だけで消えていった。しかし、ゲルマン諸民族の国家群（これが現在の欧州諸国のもとになる）にかわってからは、再びヨーロッパを深刻な疫病が襲うようになった。研究者たちはここに、ゲルマンの一部族でローマを滅ぼしたゴート人の軍隊が、ローマの降伏を早めさせようとして、ローマにつなげられていた何本もの水道管をすべて破壊してしまったことの影響を見ている。そしてその後の中世ヨーロッパを何度も襲った疫病のなかでも、とくに有名なのが、はやくも6世紀に流行した「ユスティニアヌス帝の疫病」だ。一時的に東西ローマの再統一をはたした彼の治世に、甚大な被害を出したこの病は、ほぼ確実にペストだったと考えられている。

ここで、15世紀の終わりに初めてヨーロッパへやってきた、新たな脅威について見てみよう。「梅毒《ばいどく》」のことだ。よく知られているように、この病の最初の流行を、１４９５年のフランス王シャルル8世によるナポリ攻囲に置くことが多い。その前年にイタリア半島に侵入し、やすやすとミラノやローマを落としながら南下していたフランス軍は、ナポリで未知の敵からの思わぬ反撃をくらう。小さな部隊ごと消えた例もある、と伝えられている。シャルル8世は驚いて祖国に戻って、それぞれの地元へ戻った帰還兵から全欧州へ梅毒が急速に広まったとされている。王自身、その3年後にこの病で命を落とした——というのが通説なのだが、疑問も多い。

◆梅毒の症状

周知のとおり梅毒は、病原体である梅毒スピロヘータの感染によって罹患する。多くは性交渉でうつるが、経口感染などでも伝染する。感染後3週間程度の潜伏期間を経て、最初は主に、接触のあった性器とその周辺にブツブツができる。それから2か月ほどたつうちに、ほぼ全身に赤い発疹《はっしん》ができる。発熱や節々に痛みを感じるが、それほど重いものではなく、風邪や他の病と見分けがつきにくい。発疹も、1か月程度で消えてしまう。真に危険なのは、こうして自覚症状がいつの間にかなくな

アルブレヒト・デューラー、〈梅毒〉、1496年、ベルリン、国立版画室。
絵は梅毒を擬人化したもの

ってしまうので、自分が梅毒にかかったことにすら気がつかない患者が多いことだ。しかもこの感染後の潜伏期はふつう数年間にわたるのだが、その間も自分はあらたに他人へ感染させる能力を有したままなのだ。

その後、人によってかなり年数に違いがあるが、ふつう3年ほどたつと、全身にゴム腫とよばれるブヨブヨとした腫瘍《しゅよう》が発生する。ここからは、体中のいたるところで組織が壊れていく時期だ。いわゆる「梅毒で鼻がもげる」という話は、この時期以降のことだ。そして最初の感染から10年が経過する頃には、脳や神経系がやられ、全身麻痺や痴呆症状、精神錯乱などをひきおこす。糞尿《ふんにょう》を撒《ま》き散らしながら叫び続けた、といったたぐいの記録も数多く、死に至って、この狂乱状態はようやく終わる。

◆ナポリ病か、フランス病か

お気づきだろうか。梅毒はふつう、感染後、相当な時間がたたないと死なないのだ。それなのにフランス軍の一部隊がごっそり消えた、とある。なにかしら戦争中の出来事が関連づけられてしまったか、あるいは他の病気にも同時に襲われたなどの理由があるはずだ。梅毒がはたしてこの戦争でナポリからフランス軍を介して伝染していったのかどうか、真実はよくわからない。よって、この病のことをフランスでは「ナポリ病」、それ以外の国では「フランス病」とよぶことも、本来は根拠のないことなのかもしれない。兵士たちはこの病気では死ななかったが、あきらかに第一期の症状を見て驚きおののいて、戦意を喪失したのかもしれない。実際、梅毒の数度の潜伏期が長いため、「梅毒にかかって他の病気でなくなる」こともよくある。このあたりはエイズともどこか似ている。

しかしいずれにせよ、その戦争後の時期に、この新たな病が欧州で爆発的な流行を見せたことは事実だ。いっぽう、この病の欧州における起源を、コロンブスによる（あくまでもヨーロッパから見た表現だが）新大陸発見とする説もある。この艦隊のスペインへの帰還は1493年のことなので、この説でも流行までがやや早すぎるような気はするが、ヨーロッパにはこの年より前の症例が一切なく、しかしアメリカ大陸の原住民には1493年以前の症例が人骨の考古学的調査などから確認されているので、有力な説とされている。ちなみにアジア大陸にも、この年以降の症例記録しか存在しない（日本には1512年に入ってきた）。

◆新大陸から放たれた矢

そしてアメリカ起源説が正しい場合、各国からの兵の集合体でもあったシャルル8世のフランス軍に、スペインから参加した兵もいたことが、この病の流行とナポリ攻囲との本当の結びつきなのかもしれない。「アメリカ→スペイン→フランス→全ヨーロッパ→全世界」という流れだ。ナポリ攻囲軍の陣地もそうだったろうが、戦いの場に女性たちもまた集まってくることは歴史の常だ。売春婦が介在すれば、同じ女性と複数の兵士が関係するため、兵士同士でお互いに病気をうつしあうのは簡単になる。

快楽のための性行為は、本来キリスト教会によって禁じられている。しかし売春業がこの世からなくなることはない。ところがこの新たな病は、売春婦やその客たちをまずは狙い撃ちにした。症状もまず性器に出るので、本人たちもいかなる行為によって感染したのか自覚があった。おまけに、体の一部がなくなったり、最後は錯乱状態や痴呆状態になることも、この病を「乱れた性」に対する「神の罰」だとするイメージが定着することに寄与した。梅毒患者から生まれた子供は、母子胎内感染により、梅毒未熟児として生まれた。人々の恐怖はいかばかりか。

近代に入って抗生物質が見つかるまで、梅毒に対する決定的な治療法を人類は手にしていなかった。唯一といえるなにかしらの効果があったのは、水銀治療だった。水銀による燻蒸《くんじょう》がなされ、あるいは直接患部へ水銀が塗られた。こうして多くの人が、むしろ水銀中毒で命を落とした。18世紀の終わりには、なんと水銀の内服治療が始まった。水俣《みなまた》病を例に挙げるまでもなく、これは恐ろしい方法であり、水銀自体が神経をおかしていった。しかし梅毒も神経をおかすので、それが水銀のせいであるとはなかなか気づかれなかったのだ。そのほかにも砒素《ひそ》や鉛《なまり》など、いずれにせよ体に害のある〝薬〟が用いられた。1664年に、激しい痛みで苦しんでいる末期症状の梅毒患者に対して、当時、最先端の医学センターだったパドヴァ大学のマルケティス教授がおこなった「最新の治療法」もご紹介しておこう。簡単だ。「頭に孔《あな》を開け」て中をかきまわしたのだ。

医学的根拠なき産婆と妊婦の〝共闘〟作業

キリスト教世界では、ながらく出産は女性の領域だった。広い医学分野の中で、産婦人科だけが女性の手によってのみ動いていた。早くも12〜13世紀には、大学卒の正式な内科医が誕生していたが、大学は女性への門戸を閉ざしていた。14世紀前半に医師免許にあたるものを持っていた女性、フランチェスカ・ロマーノのケースなどは例外中の例外だ。加えて、医師であろうとも男性が女性の性器にタッチすることは、長くタブーとされていた。身分の高い女性の出産場面を描いた絵も残っているが、女性の下半身をシーツがすっぽりと覆っており、医師は手探りで仕事をせざるをえなかった。そしてほとんどの出産は、女性の専門家、つまり大学に行ったことがなく、経験的に訓練を積んだ「産婆」によってとりおこなわれていた。

産婆は自らもほぼすべて経産婦であり、出産にかけてはプロだ。しかし、出産は学問的に系統立てて研究されたわけでもなく、民間で伝えられていた経験的知識だけが頼りだった。おまけにまともな消毒液もなく、使いやすい器具さえなかった。16世紀に出た『人間の誕生』や、17世紀の『産婆指南書』、そして何度も版を重ねた『アリストテレスの書』など、出産に関して書かれた専門書も存在する。しかしそこには、それまで民間でなんとなくできあがったあやしげな知識も相当量含まれている。『アリストテレスの書』では、なされた質問に対して古代ギリシャのアリストテレスが答えていくという形式をとっているが、むろん本人とはなんの関係もない。

偽アリストテレスいわく、受胎するには、生殖行為をおこなうだけでなく、子を望む熱情が必要である……いわく、妊娠の兆候のひとつ目は、いつもより性交時の快感が大きくなることである……いわく、右の乳首が左よりも赤いときには男の子を宿している……さらにいわく、妊娠時にマーマレードを食べることはよいことである。なぜなら子供を強くするからである……そしていわく、ナツメグはへその緒を丈夫にする……。

笑うことなかれ。これが1000年以上かけて積みあげられていった経験的知識の集大成なのだ。この書にかぎらずとも、長い間、産婆は非常に制限をかけられた状態で従事させられていた。産婆は逆子《さかご》を直したりする技能を有していたが、あとは今日の分娩《ぶんべん》で施される処置のほとんどすべては未知のものだった。出産時に会陰《えいん》を切開する処置はなされていなかった。子宮収縮促進薬のようなものはない。鉗子《かんし》（ハサミに似た金属製の医療器具）などあるはずもない。

◆当時の出産の様子

いよいよ陣痛が始まると、妊婦は部屋の中をグルグルと歩かされた。こうやって胎児の頭の重みで、徐々に子宮口を広げていくのだ。その間、産婆は分娩台を準備する。立って出産したり立て膝《ひざ》をついて出産していた時代も古くにはあったが、やがて背を起こし足を広げて座らせるスタイルになった。痛みが強くなってくると、ときおり産婆は膣口を触診し、経過をみる。妊婦を座らせ、バターなどで胎児の頭の通りをよくする。しかし会陰切開をしないせいもあって、難産が多い。頭が抜けきらないで母子ともに苦しむこともよくあった。13世紀以降には帝王切開もちらほら登場してくるが、お腹を開いてよいのは、すでに母体が死亡しているケースに限られていた。

ヨースト・アンマン、〈出産〉、1554年、オックスフォード、ボードリアン図書館

子供が出てきたら、へその緒を切る。元気がなさそうなら、へその緒をしぼってできるだけ血を送り込む。面白いのは、へその緒の長さによって、将来の性器官の大きさが決定されると一部で信じられていたことだ。もちろん、女性はできるだけ短く、男性はできるかぎり長く残したまま切られた。

　女性は、とくに裕福な層で顕著《けんちょ》だったが、できるかぎり子供を多く残すことが最大の使命とされていた。１８００年のアメリカで、ひとりの白人女性が一生で出産する子供の数は、平均で7人に達した。それ以前のヨーロッパでも状況は同じだ。しかし、出産はつねに危険と隣り合わせだった。分娩時に雑菌が入り込み、高熱を発して死亡するケースはあとをたたなかった。この産褥熱《さんじょくねつ》は、長い間、ヨーロッパにおける女性の死因の第2位を占めていた。1位はもちろんペストだった。

望まない妊娠をした女性たちが迫られた〝選択〟とは

●命がけの中絶と、捨子養育院

出産時に、母子ともども、あるいはそのどちらか一方が亡くなるケースはあとをたたなかった。母親だけが残った場合は、またすぐに次の妊娠へ向けたトライが始まる。しかし子供だけ残った場合にはどうするか。現在のように粉ミルクがあるわけでもなく、男手ひとつで育児をするのはなかなか容易なことではない。裕福であれば、すぐに次の妻を迎えて母親の役をはたさせるが、授乳はできない。そこで乳母を雇うのだが、乳母も自分の子に授乳している期間に限られるので、そう都合のよい候補がすぐに見つかるわけでもない。

「捨児《すてご》養育院」とよばれる施設は、こうした状況にとってのひとつの福音となった。フィレンツエなどで、当時のままに残されている建物を見ることができる。こうした施設のおかげで、父親は子供を死なせずに預けることができるようになった。もちろん、持参金や養育費は父親の負担

ジャック・ブランシャール、〈カリタス（慈愛）〉、1636年頃、
オハイオ州トレド、トレド美術館

となる。施設の中では、預けられた子供に対し、洗礼をほどこし、乳をあたえた。当然ながら授乳期間中の女性がその役目にあたるのだが、これはボランティアの場合もあったが、ほとんどは近隣に居住する女性たちにとってのよい小遣い稼ぎともなった。こうして、西洋美術の「カリタス（慈愛）」という図像には、明らかに自分の子供以外にも母乳をあたえている女性の姿が描かれるようになった。子供が成長すると、教育をして、いずれは世に送り出した。修道院の中で一生を終えることも多かった。持参金を預かっている娘の場合には、結婚相手を見つけて送り出した。しかし成人するまで生存する率は、こうした施設でも3割程度にすぎなかったこともまた報告されている。

しかしなぜ、この施設の名（Ospedale degli Innocenti ＝〝無垢《むく》なる者のための施設〟）は、「捨児」養育院と訳されているのか。それは、この施設は本来、「子捨て」をやめさせるために作られたものだからだ。つまり、望まない妊娠の結果、捨てられる子供たちがいたのだ。

次章で、娼婦をとりまく状況についても若干《じゃっかん》触れることになる。教会があれほど嫌悪した存在でありながら、中世後期からバロックに至るまで、都市と経済の発展にともなって、売春業はヨーロッパの一大産業となった。しかし彼女たちの平安をおびやかす危険はいくつもあった。世間の偏見に満ちた目。教会からの締め出し。姦通罪《かんつう》などによる訴追《そつい》の可能性。魔女狩りなどでの標的へのなりやすさ。そしてすでに見たように、性病にかかる危険。さらにそのうえ、望まぬ妊娠があった。

◆当時の避妊法

まともな避妊具もなく、その知識もない。もちろん公的な指導など一切あるはずもない。古代のヒポクラテスが書き残した「性交後、何度も跳《と》び上がって精液を排出する」方法は、中世ヨーロッパでも依然として有効と考えられていた。首からさげる「護符《ごふ》」によるおまじないもよく使用された。コンドームも古くから存在していた。最初はエジプトで、動物の膀胱《ぼうこう》が使われていた。その後、ソーセージよろしく豚や羊の腸が用いられた。キリスト教の立場としては堕胎と同様に避妊も禁止されていたので、こうした避妊道具はもちろん人目を盗んで売買された。それが普及をいっそう遅らせた。しかし梅毒が猛威をふるうようになってからは、羊の革でできた避妊袋には一定の需要があった。あるいは膣腔内にスポンジを入れておき、射精後急いで取り出す方法もあった。ようやく19世紀になって、グッドイヤーによるゴム製造法の発明をうけて、ゴム製コンドームが製造されるようになった。けっきょく、それまでに最も多かった避妊法といえば、膣外射精でさえなく、「何も対策をとらない」だった。

◆堕胎の現実

堕胎はさらに重い罪とされていた。しかしこのような環境下では、やむにやまれず中絶を切望する女性が増えても当然だ。パセリ（実際にある程度効果がある）やニンニク、ヨモギギクやヘンルーダ、アロエなどを原料とする薬が中絶薬として用いられた。とりわけ、ある菌が麦穂に寄生したものである麦角《ばっかく》が広く用いられていた。あとは、こんにち妊娠した女性に対して「しないように注意してくださいね」と医者からいわれるすべてのことが試みられた。その逆をすべておこなえばよいわけだ。重いものを持つ。跳びはねる。冷気にあたる。冷水に入る。（効果のほどはわからないが）熱い風呂に長時間入る。腹部を圧迫する。腹部を殴る、蹴《け》る。ガードルをきつく締める。はては、階段から転げ落ちる……。

それでも効果がない場合には、あるいは急を要する場合には、木のへらを突っ込んでかき回すような、非常に乱暴な方法がとられた。こうした中絶手術中に命を落とした女性は、相当数にのぼるだろう。しかし、ほとんど記録に残るような性質のものでない以上、私たちにその実数を知る方法はない。しかし、当時のこうした状況から考えても、とるにたらないものとは思えない。実際、こうした数字がほとんど残っていないこともあって、間接的に、産婆が魔女狩りの対象になったことも幻想だ、とする意見もわずかながらあるようだが、とても賛同できるものではない。

けっきょく、望まぬ妊娠をしてしまった女性にとって、最も危険の少ない対処法は、生まれた子供を捨てることだったろう。事実、ローマのテーヴェレ川で魚をとる漁師たちが、棄《す》てられた子供の遺体ばかりすくってしまい、その報告を受けてその子らに福音を授けた教皇イノケンティウス3世の事例などが残っている。また、生まれたばかりの子供の足をつかんで振りまわし、柱にぶつけて殺害する娼婦の姿も壁画に描かれている。

捨児養育院は、こうした悲劇から子供を救う画期的な施設だった。入り口には回転扉のような仕掛けがあり、子供をそこに置いて回転させ、鐘を鳴らしてすぐ立ち去れば、中の人と顔をあわせなくてもすむ。こうした仕組みで、預けやすくするように工夫したのだ。こうして同様の施設が全欧州に広まった。しかし、あまりに持ち込み件数が増えて対処できなくなってきたので、子供の両親が、その施設がある町に一定期間住んでいることを条件にしている場合もあった。それでも増えすぎるので、居住年数の資格条件を10年から20年へとひきあげた、１５０３年の都市ウルムのような記録もある。

◆魔女狩りの標的とされた「賢女」たち

さて当時の恐ろしい中絶手術だが、実際に一部の産婆がこうした役目を担っていたのだろう。避妊と中絶、この両面をもって、産婆は神の意思にそむく行為をするふとどきな輩《やから》だと、魔女狩りのよい口実をあたえることになる。

前章でも見たように、何か悲しいことが起これば、なんとかして原因を見つけて攻撃しようとするのが人間の業《ごう》だ。出産時に子供や妻を亡くした遺族も、それを魔女のせいにしたり、場合によっては産婆を逆恨みしたりもしただろう。産婆にとっては、いいとばっちりだ。そもそも、彼女たちは女だてらに専門知識を有し、男たちのあずかり知らぬ領域でわがもの顔でのさばっている——実際、大学の医学部による免許制度が整備されていくにつれ、産婆に対する攻撃も激しさを増していく。14世紀前半に、すでに「医療行為をおこなった」という理由だけで訴追を受けた例がある。産婆のような助産婦を含め、薬草について高い専門知識を有していたようないわゆる「賢女たち」が、こうして魔女狩りの対象となっていった。

〝最先端〟の医学知識は患者たちを救ったか

●医師の登場と治療の地獄絵図

ヨーロッパ中世の医学は、東方に大きく後《おく》れをとっていた。古代ギリシャで得られた知識は、医学にとどまらず、すべてヨーロッパではなくむしろアラビアで受け継がれていた。そのため、アラビアから逆流してきた医学知識を探求したわずかな数の医学校（サレルノなど）があるにはあったが、多くは修道院が医学の実践面を担っていた。たとえば幻視で有名なヒルデガルド・フォン・ビンゲンは、女子修道院長であると同時に、当時の最もよく知られた医師のひとりでもあった。しかし、彼女の『病の原因と癒し』で述べられている当時最先端の知識は、ヨーロッパの人体理解が依然として四体液説にあまりにも強くとらわれていることがわかる。

「四体液説」とは古代ギリシャで誕生した考えで、人体を流れる4つの体液（血液・黒胆汁・黄胆汁・粘液。ただし区分は諸派によって異なる）のバランスによって、病気はもちろん、気質などまで決定されるという考えだ。非科学的だが、現代日本の血液型信仰も似たようなものだ。

この四体液は四大元素（空気・土・火・水）と影響しあい、さらに4つの体内器官（心臓・脾臓《ひぞう》・肝臓・脳）とも対応すると考えられていた。もともと多血質であれば怒りっぽく、といった性格分類はもちろんのこと、病の諸症状も体液バランスが崩れることによって起きると思われていた。いったん病にかかって体液バランスが崩れれば、それを元に戻してやれば症状は自然と治まる。

こうした考えによって、たとえば痛風で崩れてしまった体液バランスを戻す調整法は、ヒルデガルド・フォン・ビンゲンによれば以下のとおりとなる。この方法が有効なのかどうか、試したことがないので筆者には何ともいいようがない。

「蟻塚《ありづか》を蟻ごと水に入れて煮て、頭だけ除いて全身つかるとよい」（濱中淑彦監訳）

万事この調子だ。ヒポクラテスらを祖とし、2世紀に体系化されたガレノスの医学は、その後1000年以上の長きにわたって、ほとんど手つかずのままヨーロッパで信奉され続けた。なにか体調不良を訴える人がいれば、まず内科医が診察するが、今では信じられないことに、医師は古代ローマではなんとギリシャ系奴隷の仕事とされていたほど、地位の低い職業だった。

◆"尿診断"と血抜き

やがて中世になって大学教育が機能しはじめると、大学で学位をとった内科医が登場する。彼らは診察にあたり、患者の顔色などを見たあと、尿を見る。アラビアからの知識が多少なりとも入っていた地域では、このとき同時に脈を調べる。当時としては透明度の高いガラスでできたビーカーに尿を入れ、診断表と照らしあわせる。診断表には色や濃さ、沈殿物などの具合によって細かく分類された尿所見がぐるりと円盤状に並んでおり、医師はそこから、ビーカーに入っている尿の状態と最も近い所見を選ぶのだ。この尿診断が、中世医学のほとんど唯一最大の診断術であり、高価なガラス製ビーカーとそれを持ち運ぶための籠《かご》は、当時の医師のシンボルとなっていた。

尿で症状を特定すると、今度は瀉血《しゃけつ》に入る。これは洋の東西を問わず近代末まで使用されていた治療法であり、特定部位から適量だけ血を抜くことを意味する。そのために、各症状によって瀉血箇所を指定した全身図も医師は所有していた。中国のツボ知識からの影響を思わせる。

瀉血するのは、血液中をただよう〝悪い粘液〟「リヴォル」を体外に排出させるためだ。それが実際に何をさすのかは定かでないが、濁《にご》ってドロドロとした血液のことのようだ。ただし内科医は自分では手をくださず、刃物の扱いに慣れた、ちょっと下級の〝外科医〟にやらせる。つまりは散髪屋さんのことであり、そのため理容院の店先で今でも動脈と静脈を示す赤と青のシンボルがグルグル回っていることはよく知られている。内科医が実際に切開などをおこなわなかった点については、１１６３年のトゥール宗教会議において「教会は血を流さない」と布告されたことの影響が大きい。

正確に把握できるだけのまとまった数字はないが、当時のヨーロッパの大都市には内科医１に対して外科医は2倍程度の数がいたと考えられる。しかし5万人ほどの中規模都市においても、内科医の数は13世紀で10人程度、14世紀でも50人程度であり、ほとんどの一般市民にとっては、この程度の医学でさえほとんど縁がないものだったことは容易に想像がつく。

そのいっぽうで、１１８１年に聖ヨハネ騎士団が十字軍下のエルサレムで正式に病院を始めたことを皮切りに、中世ヨーロッパでは修道院を中心に病院施設がゆっくりとではあるが増えていった。しかし中では、膿《うみ》をとったり洗浄したりするほかには、食事を１日１回提供する程度にしか病への対抗手段はなかった。ヘンルーダのような薬草から作られた軟膏《なんこう》も多く用いられたが、ペストのような大敵が荒らしまわっている時期には、病院で最も忙しいのは医師でも看護婦でもなく、患者の死期をみとる聴罪司祭《ちょうざいしさい》であるような状態が続いた。

◆恐るべき〝ガン治療〟

ガンは今と同様、人々を苦しめていた。良性か悪性かの明確な識別はまだなかったが、しかしある程度進行した後は何をやっても止められないこともまた、古くから知られていた。

乳ガンへの治療には、まだ回復の可能性があると思われるうちは焼きゴテを押し当てるか、あるいは患部にナイフを突き立てる方法がとられていた。そのいっぽうで、アラビアの医師アブル・カシムは、乳ガンの腫瘍切除の際にはまわりの組織も一緒に切除せよと、あきらかに転移についての認識を示す助言を書き残している。

子宮ガンが見つかれば、炭火の上にまたがらせて、ニンニクなどを焼いた煙で膣口を燻蒸《くんじょう》した。黒胆汁が過剰な状態だとみなされていたので、それを増やすような肉類は食べない。こうした滑稽《こっけい》な治療法には、もちろん何の効果もない。梅毒によるただれと見分けがつかない場合には、水銀軟膏が用いられた。これも効果がないどころか、死期を早めただけだ。

◆マカ不思議な〝薬〟たち

人々は奇跡に頼り、迷信に頼った。聖遺物《せいいぶつ》を拝むこと、聖水をかけられることが万病に効くと信じることも、ときには心理的暗示効果をもたらしたかもしれない。また貴石(宝石)や半貴石は

マンドラゴラの図。
シェーファー『Hortus Sanitatis』1485年

治癒効果をもつとされた。前述のヒルデガルドによる医学書にも、エメラルドを用いた装飾品を身につければ、体が温まり体調がよくなると説かれている。ワインを煮詰めたものやヤギの乳はもちろんのこと、ニンジンやタマネギ、トカゲまでが薬となった。

毒薬としても用いられたベラドンナなどは、今でも眼圧の降圧剤として緑内障治療などで使われる。ベラドンナとはイタリア語で「美しい女性」という意味であり、抽出液を点眼すると瞳孔が開いて眼がパッチリするので、その名があたえられた。もちろん、健康状態で使用して良いことは何ひとつない。

そしてマンドラゴラという薬草も有名だ。これは地中にある根の部分が裸体の女性の姿をしており、髪にあたる草の部分をつかんでひっぱり抜くと「キャー」と悲鳴をあげるとされていた。その声を聴くと発狂するとさえ信じられていた魔術的な薬草だが、睡眠薬や鎮静剤、毒薬までさまざまな効能を信じられ、ちゃんと博物誌にも図入りで載っている。

薬草はこうした迷信だけとは限らないが、まだまだ不充分な知識にもとづいて使用されていた。

近代療法への契機となる鉱物療法は、錬金術師パラケルススによる挑戦を待たなければならない。そして19世紀になってパスツールらによって病原菌が次々と特定されるまで、病は未知の恐怖でありつづけた。ペストは下火になった後で北里柴三郎らによって原因がわかった。しかし、その19世紀に入ったイギリスでさえ、コレラの原因のひとつは飲酒であるとされ、その飲酒を抑えるための良薬として紅茶が推奨されているほどなのだ。

こうして医者たちは、姿の見えぬ未知の敵たちに対し、不充分な知識と装備で立ち向かっていった。あわれなのは患者のほうだった。餓死《がし》寸前まで放っておかれたあげく、毒にしかならない水銀を大量投与されたナポレオンの胃には、胃ガンを放置したため指が楽に通るほどの穴が開いていたというのは有名な話だ。

17世紀の聖人フランソワ・ド・サルに対する治療の記録なども、読む私たちを恐怖におとしいれる。〝何かよくわからない病〟の末期症状で苦しむ聖人に対して、医師たちは相談の後、何を思ったか不思議な手術を始める。

「医者たちは（…）うなじのところに熱した鉗子《かんし》を二度も突き刺した。フランソワ・ド・サルはじっとそれに耐えた。（その後、医師たちは三度突き刺す…）。こうして外科医たちは、フランソワ・ド・サルの頭部深くまで鉗子を突き刺したので、そこからもくもく煙が出て、頭部は焼けてしまった」（小倉孝誠訳）

歯などすべて抜いてしまえ！——麻酔なき時代の手術の恐るべき光景

切開術をおこなうことで、不当にも一段下に見られていた外科医の地位が飛躍的に向上したのは、ルイ14世の痔《じ》ロウ手術が成功したおかげだ。医師シャルル・フランソワ・フェリックスは、たいていは焼けた鉄の棒を突っ込んで組織をあらかた焼いてしまうそれまでの荒療治《あらりょうじ》にかわって、潰瘍部分を切除して縫合《ほうごう》する手法を導入した。患部を切除し、縫合するというごく単純な方法さえ、近世に至るまでまだまだ一般的ではなかったことを示している。

ただしアラビア世界では、10世紀の医師アブル・カシムがすでに縫合術を説明している。その方法は糸によるのではなく、切開部を蟻《あり》に嚙《か》ませたままで蟻の胴体をねじり取ってしまうものだった。こうすれば蟻の歯は閉じたままとなり、肉が再癒着するのだそうだ。彼の書には早くも欠落した鼻を再生する移植形成術が紹介されており、アラビア医学の当時の先進性を示す好例となっている。

患部を切った後を止血するために、基本的には焼きゴテが押し当てられていた。そんなある日、フランソワ1世の従軍医師として、対カール5世皇帝軍との度重なる戦役に赴《おもむ》いた医師アンブロワーズ・パレが、ある偶然による発見をした。彼は従来の焼灼《しょうしゃく》に用いる煮え油を、いつもどおりに手足に負傷を負った兵士にかけていたのだが、その日はあまりに負傷者が多く、油が尽きてしまった。しようがないので、卵黄にバラの香油などを混ぜたものを間に合わせに患部に塗っておいた。翌朝、切除したあとが腫れあがって苦しんでいるいつもの兵士の風景のとなりで、間に合わせの軟膏を塗った兵士のほうはすでに腫れがひいていたのだ。こうして、パレは治療や止血などに焼灼法を用いることに疑念をもつことになる。

ちなみに彼は、当然のように床屋外科医の子として生まれた外科医だった。彼はその後、宮廷医師となり、解剖で名を馳《は》せたイタリアのヴェサリウスとともに近世医学を牽引《けんいん》した。医師は患部治癒の手伝いができるだけで、基本的には患者本人の体力によって回復するのだという謙虚な考えを医学に導入した人でもある。

◆頭蓋穿孔術の恐怖

1678年のある手術の記録では、患者に対して頭蓋穿孔《ずがいせんこう》術をほどこした例がある（次ページの図版参照）。この一例だけでなく、頭蓋穿孔術はそこそこおこなわれていた治療法であり、画家ヒエロニムス・ボッシュの絵などにもあるとおり、何らかの精神障害や知的障害に対して用いられていた。アステカなどでもこの手の手術はなされていたようで、たまたま矢などが頭に刺さった人のてんかんが治ったりといった偶発的経験の蓄積があったと考えられている。

近世ヨーロッパでは、穿孔のためだけの専用器具も開発されていた。いっけんすると、それは

1678年の頭蓋穿孔手術の記録

ワインオープナーにしか見えない。1678年の手術図では、患者を横に寝かせて、左後頭部にそのオープナーをあててグリグリとまわしている。20世紀には、統合失調症の治療として、前頭葉《ぜんとうよう》を切除するロボトミーの手法を確立してノーベル賞をとり、その後、同手法の有効性への疑問が提出され、さらに重大な危険性がわかって話題となったモンスの歴史的事件があるが、ましてやそれ以前の時代の頭蓋穿孔手術など、ほとんど成功したためしなどなかったのではなかろうか。

　この図版からわかる情報が恐ろしいのはそれだけの理由ではない。この頭蓋穿孔術がなされたのは1678年のことだ。いっぽう、アメリカでウォーレンとモートンによって、初めてのエーテル麻酔手術がなされた年は1846年だ。ということは、寝台に横たわっている患者は、なんと麻酔なしで後頭部に穴を開けられていることになる。

◆「笑気ガス」による麻酔

エーテルは、コルドゥスによって1540年に早くも発見されてはいたが、当初は去痰剤《きょたん》として利用されていただけだった。その後、ようやく19世紀に入ってから、あの有名なファラデーらがその麻酔効果に気づいてはいた。

しかし最初、ハーバード大学医学部で麻酔実験に使用されたのは、硫黄《いおう》性エーテルではなく亜酸化窒素、つまり「笑気ガス」のほうだった。というのも、笑気ガスはひと足先に、1795年にデービー卿《きょう》によってその麻痺効果が見出《みいだ》されていた。その後、イギリス各地の社交界で「笑気ガスパーティー」なるものが流行した。吸っているとボーッと楽しくなるのはアルコール類ともよく似ており、アルコールがながらく手術の痛みを忘れさせるために用いられていたのと同様、笑気ガスもさっそく手術に利用する人が出はじめた。アルコールで酩酊《めいてい》状態にすれば患部切除もしのげるのだろうが、血のまわりがよくなって出血量が多く、かえって危険でもあった。笑気ガスならばそうした心配はないが、逆に二度と目覚めない危険があった。

ともあれ、笑気ガスを手術に応用した最初の人々は、主に歯科医だった。その麻酔効果に着目し、抜歯に応用したのだ。5世紀頃の集落の頭蓋調査でも、その半数が虫歯持ちでそのまま放置されていたことがわかったように、なにしろ人類はつねに歯痛に苦しめられていた。いや筆者にとっては今でも、歯科医は入るだけで緊張する場所だ。

こうして歯科医ウェルズが麻酔を担当したハーバード大学での抜歯実験は、現代から振り返ってみれば成功したのだが、あやしげなインチキ見世物と決めつけられて嘲笑《ちょうしょう》の的《まと》となった。不運な結果におわったウェルズの知人モートンが、今度はエーテルで麻酔に成功する。その前にも、笑気ガスと同様に、やはり「エーテルパーティー」なるものが社交界で流行《はや》っていた。まったくいつの時代も、世襲制貴族というのは暇人《ひまじん》の集まりでしかない。

ともあれ、アボットという20歳の青年患者に、モートンがエーテルをかがせた。ぐったりとなった患者の舌腫瘍を、執刀医ウォーレンが切る。患者はうめき声さえあげず、眠り続けている。名医ウォーレンはその信じられない光景に感動して涙した。その後も適量の見当がつくまでには失敗例も多く発生し、特許申請に際してもひと悶着《もんちゃく》ありはしたが、この年を境に病と人類との力関係に大いなる変化が起きたのは確かだ。

◆恐るべき麻酔の代替物

それまでの麻酔は、アルコールによるものでなければ、部位を縛りあげて痺《しび》れさせる方法が基本だった。もしくはニコチンアルカロイドの粘膜吸収による、一時的な神経麻痺を利用する方法もあった。簡単にいえば、肛門に葉巻を突っ込むのだ。神経麻痺が一時的なものにおわらない危険ももちろんあった。

また、アヘンも多用された。ケシの花とそこから得られる催眠効果については、なにしろプリニウスの『博物誌』にさえ記述があるほど、古くから人類に知られていた。プリニウスは、オピウム（アヘンのこと）には睡眠薬としてだけでなく鎮痛効果もあることを記している。こうしてアヘンはただ単に快楽のためだけでなく、むしろ鎮痛薬として長く用いられ、今でもガンなどの末期治療において重要な役割を担っている。しかし、大量の傷病兵の手当てに用いられたアメリカ南北戦争では、かわりに深刻な数のアヘン中毒者を出してしまった。これまた諸刃《もろは》の剣《つるぎ》の麻酔薬代替物だった。

つまりは、19世紀に至るまでのあらゆる手術は、まともな麻酔もない状況でなされていたのだ。虫歯1本の治療で、あれほど冷や汗をかく筆者には、麻酔なしでの切開術の痛みなどとうてい想像もできない。こうした人々の弱みにつけこんだような、見世物まがいの「抜歯屋」さえ存在した。彼らはいたるところで、麻酔もない時代に、できるはずもない「無痛状態での抜歯ショー」を見せては見物料をとったり、適当なごまかし治療で報酬をかすめとっていたのだ。

◆抜歯ですべての歯を失ったルイ14世

歯科医は古くから存在し、15世紀頃からはヤスリや穿孔《せんこう》機といった専門器具も普及していた。

そしてフランスのルイ14世によって資格制度が整備され、ようやくまともな医師としての地位をあたえられた。

そのルイ14世本人にほどこされた歯科施術のものすごさは、よく知られている。なにしろその頃のフランス宮廷医術は、「諸悪の根源は歯からくる」とする考えに支配されていたのだ。そのため、「最高の予備的治療」をほどこされるべき対象、つまり王本人には、歯をすべて取り除く処置がほどこされた。虫歯だけではなく、健康な歯もすべて、1本ずつやっとこで挟《はさ》んではひっこ抜かれたのだ。ついでに、上顎《あご》と下顎の骨も、そのかなりの部分が砕かれて取り除かれた。

侍医ダカンらによる8回もの、合計10時間以上にもわたる拷問《ごうもん》のような手術の間、偉大なる太陽王はひとことも泣きごとをいわなかった、とフランスでは誇らしげに伝えられている。あたりまえだ。あまりの激痛に、どこかの時点で失神しただけだ。

あわれにもルイ14世は、以降ずっと歯抜けで過ごさねばならなかった。固いものはもちろん食べられないので、ドロドロに煮詰めた料理しか一生味わったことがない。フランスには原材料が何だったかわからなくなるほど煮詰める料理が多いのは、ひょっとしてこのためだろうか——という皮肉はさておき、王は上顎を砕かれる際に上顎洞《じょうがくどう》に通じる穴まで貫通されて、流し込んだものが副鼻腔《ふくびくう》内で腐敗していく目にあった。そして砕きちらされたあご骨からは、歯槽膿漏《しそうのうろう》状の臭気が発生し、ひとこと王が発言するたびに、部屋中にものすごい臭《にお》いが充満した。閣僚たちはつねにバラ香油を染み込ませたハンカチで鼻を押さえながら会議に臨み、貴婦人たちは王のキスから必死の形相《ぎょうそう》で逃げまわった。おまけにつねに下剤を投与されていた王は、ひっきりなしにトイレに駆け込んでいた。ときには簡易トイレに座ったまま執務をこなすありさまだった。

こうした理由から当然のように、王は慢性的な痔ロウに苦しめられ、絶えず漏《も》れる糞便で衣装はつねに汚れて臭気を放っていた。それでも王は77年にわたる長寿を全うし、ルイ王朝の最盛期を演出した。「国家」そのものであった太陽王は、同時に「におい」でもあったのだ。

ああ、そんな時代でなくてよかった、と私たちはホッと胸をなでおろすかもしれない。しかし私たちの時代も将来、「あの時代には、虫歯の治療で歯に直接ドリルで穴を開けていたらしい。ああこわいこわい」といわれているのではないだろうか。

●イスラムから見た「十字軍」
「聖地奪還」の美名に隠された恐るべき残虐行為

一冊の興味深い本がある。これまでほとんどヨーロッパからの視点によって語られてきた十字軍を、アラブ側から見たものだ。この『アラブが見た十字軍』の中で、著者アミン・マアルーフは、十字軍と対峙《たいじ》したアラブ世界が残した手記や手紙などの同時代資料を、数多く紹介してくれている。

1095年の教皇ウルバヌス2世の宣言をうけて、ヨーロッパ各地で第1回十字軍が組織された。といってもその実態は、異教徒からの聖地奪回に燃える、熱狂的なただの民衆の群れだった。気の早い暴徒が何度か侵入をくり返した後、ついに国境を越えた大軍は、1097年7月1日、ドリラエウムの戦いでトルコ軍を破る。ここに、200年続くことになる両文化圏の衝突の火蓋《ひぶた》が切られた。

「イスラムにとって屈辱的なこの出来事が知らされた時、文字どおりの恐慌状態が起こった。恐れと不安がみるみる広がって行った」(ダマスカスの年代記作者。牟田口義郎・新川雅子訳)

ヨーロッパにとっては中世のながきにわたって続いた最大の戦争であり、ゲルマン諸民族とローマ帝国との衝突以来、久々に体験する本格的な異文化との激突だった。しかしイスラム世界にとっては、十字軍のほうこそ侵入者だったことがよくわかる。

「男や女子どもは泥にまみれた路地を伝って逃げようとしたが、騎士たちは容赦《ようしゃ》なく捕えて、その場でのどをえぐる。最後まで生き残った者たちの恐怖の叫びはしだいに消え、やがて、すでに酔っぱらったフランクの略奪者たちの調子はずれの声が取って代わる。煙が焼け落ちた多くの家々から立ち上る。正午には、喪のベールが町を包んだ」(イブン・アル＝アシールの手記。同)

彼らの目には、キリスト教徒こそ暴虐のかぎりをつくす異教徒だった。彼らは次々と都市を陥落させ、住民を虐殺し、金品を奪って火を放った。籠城《ろうじょう》しているイスラム都市の城壁の中へ、夜になると投石器で何かを投げ込みはじめた。石の代わりに弾となっていたのは、昼の戦闘で斃《たお》れたイスラム兵の首だった。

こうして次々に落とされていった地域には、キリスト教国が建てられた。捕虜《ほりょ》が送られ、土木工事にかり出された。キリスト教世界でのイスラム教徒迫害は、かつてのローマ多神教世界でのキリスト教徒迫害とよく似た様相を呈していた。

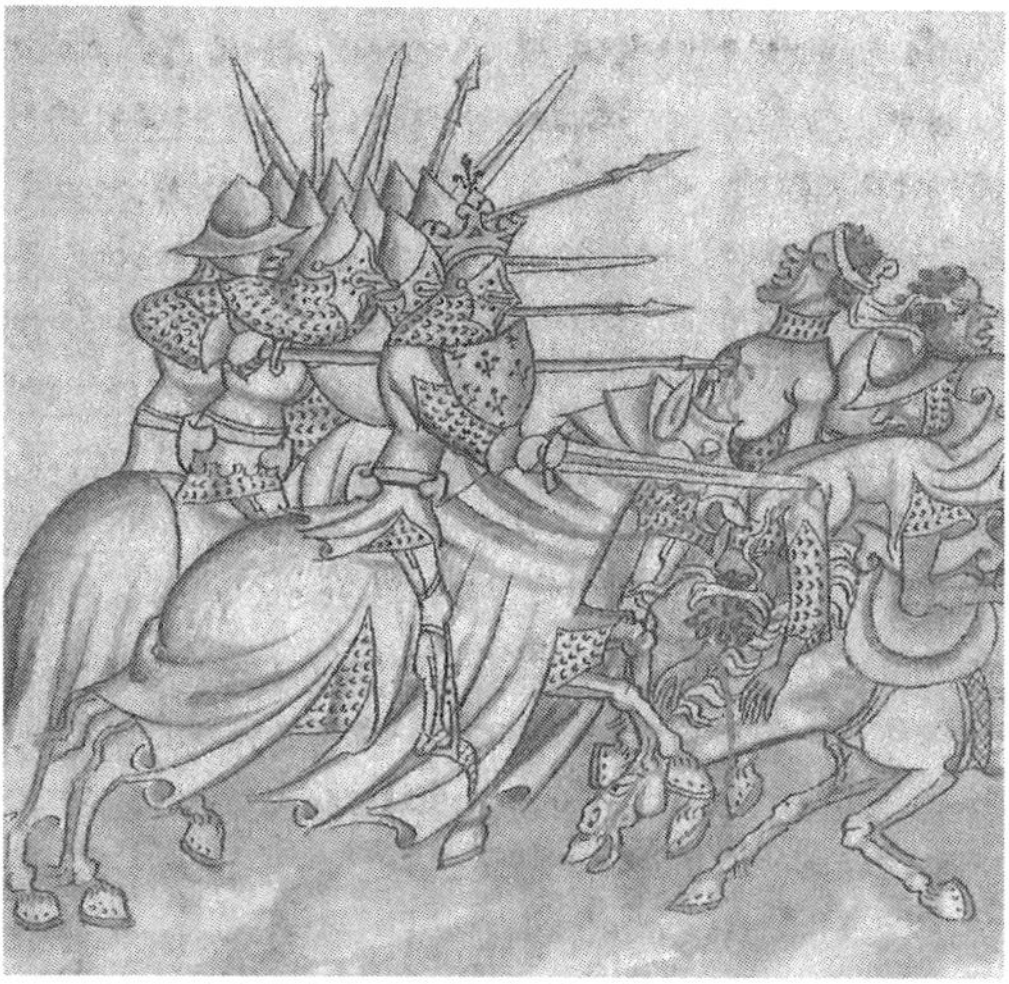
イスラム教徒を殺害する十字軍兵士を描いた15世紀の版画

「キリスト教国に住むだれもが目にするおぞましきもののひとつ――それはムスリムの捕虜が足枷《あしかせ》によろめきつつ重労働に使われ、奴隷扱いにされており、同じくムスリム女性の捕虜も鉄の鎖をつけている光景だ」（大旅行家イブン・ジュバイルの手記。同）

１０９９年7月15日、エルサレム陥落をもって、第１回十字軍はヨーロッパ側の圧勝に終わる。自分たちの軍がいかに弱く、脱走兵が続出し、無残に敗れていったかを、イスラムの記録者たちも冷静に見つめている。

十字軍兵は聖地モスクに避難してきていたイスラム住民たちを虐殺し、ついでにシナゴーグ（会堂）に集まっていたユダヤ教徒たちも寺院ごと焼き殺した。大都市エルサレムを徹底的に破壊し尽くすまで、こうした狼藉《ろうぜき》はおよそ1週間続いた――。

これほどの残虐性は、じつのところ中世ヨーロッパではほとんど見当たらない。それ以前で探せば、ローマ皇帝たちによるキリスト教徒大迫害にまでさかのぼるし、これより後だと、およそ100年後のアルビジョワ十字軍まで待つことになる。異端としてまとめて破門になったカタリ派キリスト教徒に対する掃討《そうとう》軍のことだ。おわかりだろうか。暴虐の対象となった相手の共通点は、いずれも「異教徒」だった点なのだ。

200年にわたる殺し合いの後、十字軍はけっきょく失敗に終わる。その間、イスラムの英雄サラディンと休戦に持ち込んだボードワン4世や、イスラム世界と取引をした神聖ローマ皇帝フエデリーコ（フリードリヒ）2世のように、つかの間の平安をつくりだそうとした者も中にはいる。中世をただの暗黒世界だとする見方は、すでに修正されつつある過去の遺物だ。しかし、異文化に対する寛容さを示した例はあくまでも少数にすぎず、ほとんどの期間を、不寛容さが覆っていたこともまた事実なのだ。

●「傭兵」に翻弄された都市国家群

屈強な〝雇われ兵〟たちは戦場で血を流したか

ヨーロッパでの傭兵《ようへい》の歴史は長い。ローマ帝国は長年にわたる栄光を、占領下にあったゲルマンなど諸民族からなる傭兵の力によって維持していた。正規のローマ市民たちは、自らの手を汚すことなく、属州からもたらされる物資に支えられて繁栄を謳歌《おうか》していた。その間、傭兵を主力とするローマ軍は辺境へ派遣されては、雪や熱波のなかで血みどろの戦いをくり広げた。一部のローマ人上級将校を除いて、鎮圧軍も反乱軍も異民族だった。

いつの間にかローマ人たちは、権力構造の中に占める傭兵軍の力が、もはや制御できないほどの大きさになっていることを思い知らされるようになる。各州に自称皇帝たちが現れはじめ、最後はローマ近衛《このえ》軍の司令官オドアケルによって西ローマ帝国は倒された。この傭兵隊長は、ゲルマンのスキリオ族の長だった。

しかし、その後の中世ヨーロッパでは、軍事力といえば農民がその主力だった。封建領主たちの軍隊は、主従契約を誓う騎士たちと、領内に住む農民たちによって構成されていた。ラッパを鳴らす貴族階級の将の下で、農閑期にかきあつめられた農民は、相手が何者かもよくわからないまま戦場を走らされた。その後、ルネサンスを準備した中世後期から、ヨーロッパの国家群が常備軍をもつようになる18世紀末まで、ヨーロッパの戦場を再び傭兵が支配するようになる。

古代ローマ時代と違って、今度の傭兵は奴隷ではない。彼らは文字どおり、より高い報酬を約束してくれる集団へと自らを売り込むプロフェッショナルな雇われ兵だ。その市場で主力商品となったのは、ヨーロッパの中でも、資源や産物があまりない地域に住む、体の大きい民族だった。つまり、スイス全土であり、北方の全地域であり、そしてドイツのほとんどだった。

たとえば12世紀のシチリアはノルマン人が支配していた。北フランスに入植していたヴァイキングたちが、シチリアへ傭兵として大挙してやってきたのがそのもとだ。またスイスにとっては長い間、傭兵が最大の輸出品だった。ヴァチカンの教皇庁を護《まも》っているのは、今も昔もスイス兵だ。そのローマへ殺到して破壊のかぎりをつくした「サッコ・ディ・ローマ（ローマ劫掠《ごうりやく》）」は、ドイツ人傭兵隊（ランツクネヒト）によるものだ。

◆傭兵が必要となった訳

王たちにとっては、軍隊を常備するよりも、期間限定の傭兵を雇うほうが安くつく。おまけに農民をかきあつめたよりは、はるかに強い。こうして英仏百年戦争（1337〜1453年）は傭兵にとっての特需景気となり、戦争終結でバブルがはじけてからは、コムーネ（都市国家）が乱立するイタリアへ、傭兵たちは職を求めて押し寄せた。商人たちが実質的に動かしていた国家群は、自らの子弟たちを矢面《やおもて》に立たせるよりは、お金を払うほうを選ぶ。13世紀以降のほとんどのコムーネは、「タリア（傭兵への支払い）」を予算に組み込むようになる。こうして半島は傭兵隊長たちの劇場となった。

彼らにとって、今日の敵は、明日の客だ。値段の高いほうへと容易に寝返り、国家群は高騰《こうとう》していくタリアに苦しめられるようになる。この費用捻出《ねんしゅつ》のため、全戸に目的税をかけた都市さえある。こんにちの感覚で、年に1戸あたりざっと10万円といったところか。

勝利をおさめた隊長の帰還に際しては、古代ローマの将軍よろしく〝凱旋《がいせん》式〟で迎えることが多かった。長年活躍して、ヴェネツィアに残るヴェロッキオ作〈コッレオーニ騎馬像〉のように、彫像にしてもらえる者も現れた。フィレンツェの大聖堂に残る壁画〈ジョヴァンニ・ダクート騎馬像〉として、ウッチェロによって描かれたのは、本名ジョン・ホークウッドというイギリス人だ。フィレンツェらしいというべきか、壁画に描くのは彫像を造るよりもずっと安くあがる。

パオロ・ウッチェロ、〈ジョヴァンニ・ダクート騎馬像〉、1436年、フィレンツェ大聖堂

コムーネのなかには、傭兵隊長上がりの君主に支配権を渡した街も多かった。ミラノのスフォルツァ家、リミニのマラテスタ家、ウ

ルビーノのモンテフェルトロ家など、こうした例は数多い。

では戦場での彼らは勇敢だったか——という点には疑問符がつく。もちろん、激戦の記録も多い。しかし、傭兵隊にとっては戦争の終結は失業を意味する。であれば、勝ちすぎず、負けすぎず、延々と戦争を長引かせようと考えても不思議ではない。戦地をあらせば略奪による小遣い稼ぎの機会も増える。本気で戦って死んでどうする。どうせ相手も同じ傭兵隊だ——。

◆アンギアーリの戦いは〝激戦〟だったか

20時間から24時間にもわたった激戦と潰走《かいそう》において、たった一人しか亡くなった者は出なかった。それも、刀傷がもととなったり、矢が命中したというようなものではなく、落馬して馬に踏み殺されただけなのだ。(ニッコロ・マキャヴェッリ『フィレンツェ史』5巻33章。筆者訳)
傭兵がいかに轂《ごく》つぶしかを説明する際、よく引用される一節だ。ここで槍玉《やりだま》にあげられているのは、フィレンツェがミラノに勝利した「アンギアーリの戦い」でのことだ。この『君主論』の著者にとって、傭兵隊などただの無駄。常備軍こそが理想的な軍隊だ——当時の半島状況を憂《うれ》えていたナショナリストならではの姿勢だ。
といっても、マキャヴェッリはこれを戦闘から半世紀ほどたった頃に書いており、自らの目で見たわけではもちろんないし、20世紀になってからの調査によって、実際には数百人ほどの戦没者が出たと考えられている。おつきの従者あわせて4000人ほどの規模の軍同士がぶつかったと推測されているので、充分に激戦だったことになる。マキャヴェッリは自らの立場のためにも、恣意《しい》的に死者の少なさを誇張して書いている。しかし彼がそう書いてしまっても、その後たいした批判も受けることなく定着してしまったところを見ると、やはり手抜きの戦闘、八百長っぽい演劇的な戦争は当時実際に多かったのだろう。

この戦闘の場面を、フィレンツェ政府の依頼により、レオナルド・ダ・ヴィンチが大壁画作品の主題にしようとした。レオナルドの作品は残念ながら残っていないが、模写を見るかぎり、彼はこれを軍馬入り乱れるけっこうな激闘として描いている。このことは、アンギアーリを激闘として伝えた、おそらくアゴスティーノ・ヴェスプッチの手になる記録をレオナルドが参照したことを意味している。

マキャヴェッリが警告したとおり、その後、傭兵制は絶対王政国家間の争いの中にのみこまれていく。各国で徐々に初期の常備制・徴兵制が導入されていく。やがて戦場は統制のとれた集団で占められるようになり、個人が力量を発揮する場ではなくなった。しかしそれでも傭兵は、貧しい地域の人々にとっては、就職先や出稼ぎ先でありつづけた――ある日、自軍のクロアチア傭兵隊が締めているスカーフを見て、フランス王ルイ14世が側近にたずねた。「あれは何というもの?」。これを、「どこの部隊?」と聞かれたものと勘違いした側近は、「クラヴァット!(クロアチア人です!)」と答える。これが、私たちがときおり首に締めなければならない、あの〝何の役に立っているのかわからないもの〟、つまり「ネクタイ」のことをさす「クラヴァット」というフランス語が生まれたとされる伝説なのだ。

栄光と血に彩られたナポレオン軍が迎えた末路

●フランス革命と徴兵制

フランス革命（1789～1799年）は、それまでの体制の崩壊であり、あらたな体制の模索だった。ヨーロッパでフランスだけが王政から脱したが、まわりを囲む列強の目には、君主制を敷く自分たちの国家体制をゆるがしかねない危険な挑戦として映った。「フランスをしめあげよ」という方向で、各国の意見はめずらしく一致をみた。フランスが早々に周囲の国々と戦端《せんたん》を開かなければならなくなることは、もはや誰の目にもあきらかだった。

しかし、フランスにはまともな軍隊はなかった。というのも、それまでの国家正規軍は当然ながら国王軍であり、今は革命政府の手のうちにある、ほかならぬルイ16世に忠誠を誓っていた兵士たちだ。当然ながら彼らの多くは解散させられ、将校のほとんどは海外へ亡命していた。フランスは、将を失いながらも残っていたいくばくかの旧国王軍と、あとは義勇兵にすべての希望を託すほかはなかった。しかし彼らのほとんどは、それまで農業や商業に従事していただけの、ごくごく普通の人たちだ。兵器の使い方や軍隊の動き方などについて、ひとりずつことこまかに教えているような時間はない。しかし各国からの干渉はもはや限界を超えるところにまで達していた。こうして1792年4月20日、追い詰められたフランスはオーストリアへ宣戦を布告した。

この窮鼠《きゅうそ》が20年以上にわたって大きな猫たちを噛《か》み続けることができたのは、民衆の熱狂と、軍隊と兵器の急激な変化と、そしてやや遅れて現れるナポレオンというひとりの軍事的天才のおかげだ。つい数日前まで算盤《そろばん》や鍬《くわ》を手にしていた5万人の烏合《うごう》の衆《しゅう》は、かつて欧州で無敵を誇っていたプロイセンを主力とした正規国家軍に、やみくもに突撃をくり返した。累々《るいるい》たる屍《しかばね》の上を乗り越えて群衆は襲いかかり、とうとう連合軍を打ち破った。

9月20日のこの「ヴァルミーの戦い」はフランスへ予想外の勝利をもたらし、次なる戦闘に向けて準備する時間的猶予《ゆうよ》ができた。全国から愛国心に燃える義勇兵が集まってきた。パリではわずか1週間で1万5000人を超える新規兵が入隊した。最初は都市部の下層商人が中心だったが、後にはもともと全人口のほとんどを占める農民ばかりとなっていった。しかし彼らはまったくの素人《しろうと》だ。訓練をしている余裕はない。どうすればよいか――そこで、旧正規兵1に対し義勇兵2からなる混成旅団が組織されるようになった。これであれば、義勇兵は実戦をこなしながら、同時に訓練にもなるだろう。こうして、庶民あがりでも才能と努力で軍の上層部にいくような者も現れる。このことは、後のナポレオン軍の元帥《げんすい》たちの出自が物語っている。たとえばミュラーの実家は宿屋だったし、マッセナの親は行商人、モルティエの家は服屋さんだった。これは、将校が貴族階級で占められていた当時のヨーロッパの軍では異例のことだった。

◆砲兵と軽装歩兵の活躍

ヴァルミーの戦いでは、旧国王軍から少数ながらも組み込まれていた砲兵が大活躍していた。革命前まで軍の華といえば騎兵であり、貴族出身者の砲兵などほとんど皆無であり、軍における砲兵の地位は低かった。ナポレオンも砲兵科あがりであることはよく知られている。しかしヴァルミーの戦いでの貢献により、砲兵が軍の主力の一端を担うようになった。歩兵は、従来どおりグラナディエ（擲弾兵《てきだんへい》〈手榴弾《しゅりゅうだん》を投げるのが主な任務の歩兵〉）が主力だった。といってもこの頃には、かつてのように手榴弾を投げることは少なくなり、マスケット銃を主力武器としていた。その下にはより身軽な軽歩兵隊がいて、フュージル（マスケットよりも短射程の軽量銃）や軽量マスケットの小口径銃に銃剣を付けたものを武器としていた。設備投資を抑えるための苦肉の策だったが、軽歩兵を持たない旧式なプロイセン軍は、戦場をとびまわるこの小柄な銃兵たちにかえって苦しめられることになる。

1793年には国王一家を処刑、貴族階級のすべての特権を剝奪《はくだつ》し、諸国との戦闘も深刻さを増していく。度重なる戦闘によって、もはや義勇兵のなり手も尽きたフランスは、「すべての共和国民は、勝利の日まで永久に兵となる」とする国家総動員令を発布するに至る。国民皆兵の音頭のもと、国じゅうの男たちが根こそぎ徴兵されていった。その翌年には、フランス共和国軍はなんと100万を超える、史上空前の規模の大軍となった。

◆天才ナポレオンの暗い一面

さて、軍事だけでなく、行政面でも多くの改革をなしとげたナポレオンの欠点のひとつは、他人の生死へのあまりの無頓着《むとんちゃく》さにある。実際、ナポレオンの快進撃が勢いを増すにしたがって、その裏では、戦死者の数は徐々に増えていった。革命の本来の目的を忘れ、自らが新たな皇帝となってからは、戦没者の数はとくに多い。フランス人口問題研究所の計算によれば、皇帝就任後の累計総動員数166万人に対する戦没者数は78万3000人、じつに2人に1人が命を落としていることになる。これは尋常な数ではない。ナポレオンの栄光は、累々と横たわる徴募兵の屍の上にある。ナポレオンは、一兵卒の死になど関心はまるでない。戦場で命を落とすことは名誉だ、とひとこと。一瞥《いちべつ》もくれることなく先を急いだ。

こうなってくると、全国的に厭戦《えんせん》気分が広がっていくのは仕方のないことだ。徴兵はシステマティックにおこなわれたが、隠匿《いんとく》や逃亡が続出、数を重ねるごとに徴兵は予定値を大幅に下回っていくようになる。軍の中核をなしていた皇帝直属の近衛兵の資格条件の変化にも、こうした苦境を見ることができる。最初、近衛兵に選抜されるためには軍歴が10年以上、身長も180センチ以上でなければならなかったが、1809年以降には徐々に身長制限も下げられていき、軍歴条件も〝2年以上〟に、大幅に緩和された。一般新規兵の徴兵対象年齢も次々と下げられていき、最後は15歳の少年兵まで駆り出される始末だった。既婚であれば後回しにされるため、人々はあわてて結婚相手を探した。それでも政府は田舎に憲兵を派遣して、無理やり数をそろえようとした。

◆自らの歯を折る兵士たち

人々は、今度は手足の皮膚を酸などでただれさせた。こうすれば健康状態は〝良好〟とはならず、資格要件から外れるためだ。そして最後に、男たちは歯を抜いた。手榴弾なら投擲《とうてき》前に前歯で弾の蓋《ふた》を外す必要があり、銃ならば火薬装塡《そうてん》に際し前歯や犬歯で、1発分ずつ小分けされていた火薬袋の口を嚙み裂かねばならなかったためだ。じつに涙ぐましい努力だ。

戦死者が増えていくいっぽうで、徴兵充足率は3割程度にまで大きく落ち込んだ。兵の低年齢化が進み、練度の低下も顕著なものとなってきた。議会では、むちゃな徴兵に制限をかけるための人道的な決議も採択された。しかし、広がりすぎた戦線をフランスが維持できないことは、もはや誰の目にも明らかだった。

ナポレオンが二度にわたって捕らえられ、フランスは疲弊《ひへい》のうちに終戦を迎えた。疲れきった男たちは、まともな年金を手にすることもなく、トボトボと故郷へ帰っていった。彼らを出迎えたのは、留守をあずかっていた女たちと老人たち、荒れ果てた畑と、そして前歯のない健康な男たちだった。

3章——中世の街角と庶民たちの歪んだ暗部

●衛生事情、性の実態…〝暗黒時代〟の日常・風俗を覗く——

今、中世が面白い。「暗黒の千年間」とよばれ、非文明的で何もない退屈極まりない時代だと、かつて思われていた中世は、その後の長い歴史学の研究のおかげで、その魅力的な真の姿をようやく露《あら》わにしてきた。

その姿は、均一化された薄暗いイメージよりもはるかに重層的で、複雑で、多様性に富んだものである。たとえば中世に物乞いが多かったと聞いても、そうか、そうだろうなと思うだけだろう。しかし、増えすぎた物乞いに対して、政府が規制法を発布して登録制にし、その総数をコントロールしようとした事実などは、現代に生きる私たちをも驚かせるのに充分ではないだろうか。

ここでは、中世の社会を生きた人たちに目を向けてみよう。男たちは何をして、女たちはどのように暮らしていたのか。男女はどのように結ばれて、いかにして別れていったのか。何歳で結婚し、何人子供を産み、何歳で死んでいったのか。既婚者が浮気をしたらどうなったのか。そして彼らはどのような家に住み、何を身にまとい、また排泄《はいせつ》や入浴はどうしていたのか。さらには、同性愛者や売春婦といった人々は、どのような人生を送っていたのだろうか。

さて皆さんのうち何人が、読後、それでも中世に生きてみたいと思われるだろうか。

●想像を絶する衛生事情

西欧は、糞尿とゴミに埋め尽くされた〝におう大陸〟だった

「この国の住人ほど汚いものを御覧にはなれますまい。彼らときたら、年に一、二度冷水で身体を洗い清めるだけなのです。だが衣類は、身につけたら最後、ぼろぼろになるまでけっして洗いません」（永野藤夫ほか訳）

これはイスラムのカリフ（最高権威者の称号）、ハカム2世が送った使者が、ドイツから書き送った973年の報告書の一部だ。イスラム教徒は祈りのたびに体を清める習慣をもっていたので、さぞかし中世のヨーロッパ社会の衛生環境には愕然《がくぜん》としたことだろう。

筆者が留学していたイタリアで、ある外国人がトスカナ地方の田舎の民家を買ったことがあった。かなり古いものなので文化財扱いとなり、建て替えることができないのはもちろんのこと、内部を修理するにも行政府の許可を必要とした。はたして、この購入者が申請した建物内部の修理は、文化財保護の観点から却下された。その申請内容とは、「建物に一切トイレがないので作りたい」という控えめなものだった。あわれ、別荘用に購入した新オーナーは、用を足すのにおまるの使用を余儀なくされたそうだ。

この例は極端なものだが、現代に至るまでトイレのない家が残っていることからもわかるよう

に、実際ヨーロッパは長い間、おせじにも良いとはいえない衛生状態にあった。いや、彼らの名誉のためにいっておくが、かつての古代ローマは、上下水道や公共入浴施設といった優《すぐ》れた公共インフラを完備していた。しかし、ローマは許容範囲を超えて人が増え続けた。ある調査によると、帝都ローマの人口密度は、現在の東京の4倍以上にも達したそうだ。ギュウギュウに感じられる東京を、はるかに凌《しの》ぐほど人が多い状況を想像してみてほしい。

そうなると、人々はそれまでにはなかった住居に住みはじめた。「インスラ」とよばれる、高層の集合住宅である。今でもローマのネロ帝宮殿跡や、同市近郊のオスティア・アンティーカなどの遺跡に行くと、4階建て以上の建物の遺構を見ることができる。2000年も前にあれほどの高層建築物があったことに驚かされるが、古代ローマの一般市民は、やはり高層だがもっと狭苦しいアパートに住んでいたのだ。しかし2階より上まで下水道をひく技術はなかった。そうなると、人々が用を足すのは2通りしかなかった。公衆トイレまで行くか、窓から捨てるかだ。

◆空から〝糞尿〟がふってくる

公衆トイレは、尿を集めるためにも用いられていた。というのも、尿は動物の毛を集めてフェルト生地を作るための「縮絨《しゆくじゆう》」工程に用いられていたからで、そのため尿に税をかけていた皇帝までいた。しかし、たいていは窓から糞尿《ふんにょう》を捨てていた。窓といってもガラスは一般に普及していないので、木戸か、布をはっただけの粗末なものだ。そこから皆、糞尿をぶちまけるのだ。考えごとをしながら、うかうか道を歩いていたら、危険なことこのうえない。ローマでは「上を向いて歩こう」だ。古代ローマはそれでも、側溝《そっこう》へと糞尿を流し、高低差を利用して川へと導いていただけ、後世に比べて状況ははるかにましだった。

ローマ帝国はゲルマン諸民族のキリスト教諸国にとってかわられた。それ以後をひっくるめて中世とよんでいるが、1000年にもおよぶ長い間、かつて古代ローマが誇っていた公共インフラはことごとく放置された。人々は、それが何であるか忘れてしまった。かつて直接選挙のために、街の真ん中に造られた大きな広場は、ゴミと糞尿で埋め尽くされた。音楽の都としてこんにち美しい姿を見せているウィーンは、中世の頃、他の国や教皇庁からの賓客《ひんきゃく》を迎えるたびに、まずは広場と大通りの大掃除に数日かけることから始めなければならないありさまだった。側溝にゴミや糞尿を流すシステムはほとんどの街で失われた。人々は家の裏へゴミを捨て、そこがいっぱいになると表通りへと目標を変えた。

ヨーロッパのあらゆる町で、捨てられるゴミをエサに、野良犬が繁殖した。15世紀には、大都市では1年間あたり500頭ほどの犬が駆除されていた。そのため「犬の始末屋」という職業があったほどだ。

しかし、なによりもわがもの顔で街を闊歩《かっぽ》していたのは豚だった。というのも、彼らこそ、中世の町に住んでいた、ほとんど唯一の有効的な「掃除人」だったからだ。

◆〝尿〟を使ってクリーニング

各家庭には、トイレなどというものはなかった。ただ、おまるだけがあった。尿は集められ、衣服の漂白に使われた。洗濯屋では、足首がつかる程度の高さまで尿を溜《た》め、その中に衣服をひたして、上から裸足で踏み続けるのだ。あまりの臭気に、「足踏み」とよばれたその場の前を通るときは、さすがの中世の人々も鼻をつまんで早足になったという。

そのように再利用される以外の糞尿、つまりほとんどすべての糞尿は、ゴミと同じように家の裏や道へ捨てられた。それを豚が食べて掃除しながら通っていくのだ。リサイクルよろしく、太ってきた頃をみはからって、その豚をまた人間たちが食べるのだ。

◆出窓トイレと〝おまる係〟

まれに、トイレを有する住居もあった。ラテン語で「プリヴァトゥス」(「私的」の意)とよばれたトイレは、今でいう出窓の形をしていた(出窓の部分に腰かけて、そこにしつらえられた穴から下〔外〕に糞尿を落とす)。いや正確には、主にお城に作られた出窓が、一部上流階級の住宅にも採《と》り入れられ、そこからトイレの機能がなくなったものが現在の出窓になったといってよい。「わぁ、出窓があっておしゃれね」という現代人の言葉を、中世の人が聞いたらきっと首をかしげるに違いない。こうしたもともとの出窓トイレのなごりを、今でもヨーロッパの宮殿やお城に見ることができるので、旅行なさる際にはぜひ探してみてほしい。

さておまるだが、当時の寝室に必ずひとつは置かれていた。ベッドの下か、その上に。ちなみに当時のベッドを今も宮殿や博物館で見ることができるが、ずいぶん小さく感じるはずだ。それは、摂取するカロリー量などのせいで、当時のヨーロッパ人は今ほど身長が高かったわけではないためと、ベッドに真横になって寝るのではなく、枕のようなものを積み重ねて上半身をかなり起こした状態で寝る習慣があったためだ。

貴族社会になると、おまるはやがて巨大化し、豪華になっていった。箱形をした木製の椅子《いす》のようなものになり、蓋《ふた》を開いてそこに座るのだ。王や王妃が部屋を移動するたびに、こうした豪華なおまるも一緒に移動した。そのためルイ王朝のフランス宮廷では、おまるを運ぶためだけの専属の「おまる係」という者がいた。信じがたいことに、最初はそこそこ名誉な職とされ、貴族の中から選ばれた。そのうちに、この職につく貴族階級出身者はさすがにいなくなったが、一般庶民にとっては名誉職でありつづけた。そのため、この「おまる係」と、用を足した後に拭《ふ》く綿を専門にあつかう「わた係」の2つのポストを、人々はわざわざ〝お金を払って〟もらいうけたほどだ。

◆優雅なドレスの下に〝携帯用おまる〟

いっぽうで、携帯式のおまるも考案された。外出先へ手軽に持っていくためだけではなく、屋内でも女性たちのために大いに役立つこととなった。というのも、近世も後期になると、中流以

優雅なドレスとその下のクリノリン、『パンチ』誌、1856年

上の女性は腰から下をふくらませた「クリノリン」といった服を着るようになったからだ。およそ利便性からはほど遠いこうしたファッションは、しかし絞ったウエストとのギャップを強調する官能性には長《た》けていた。そのため近代末まで、女性を健康面で苦しめることになる。

中に木でできた何層もの輪状の構造をもつクリノリンは、用を足す際にも、おいそれとたくしあげることはできなかった。そのため、クリノリンで膨《ふく》らんだスカートの下へ、そっと差し入れる簡易おまるが重宝されたのだ。そして、紙は近代末に至るまで、貴重なものでありつづけた。お尻を拭くのは布や綿だった。つまりは、洗って何度も再利用されるのだ。しかも、王侯貴族が使った綿を、ゆずりうけて用いることができる人々は、まだしも恵まれているほうだった。

◆入浴も洗濯も〝しない〟が基本

冒頭に引用した手紙が伝えるように、中世ヨーロッパの人々が臭《にお》ったのは、こうしたトイレ事情のためだけではなかった。ほとんど入浴しない習慣のせいでもあった。留学中、筆者も含めてたいていの日本人学生は、ヨーロッパで「水を使いすぎる」と一度は怒られた経験があるものだ。ヨーロッパにおける「水の貴重さ」を、水がふんだんにある日本に住む私たちは、理屈ではわかっていても感覚的にはなかなか理解できない。

もちろん中世にも、3つの浴室を持っていたザンクト・ガレン修道院のように、自前の浴室のある施設もあるにはあった。しかし、ほとんどの一般大衆にとって、浴室など一生見ることのないしろものだった。もっと昔の古代ローマでは、中流以上の全家庭にあったはずなのだが――家庭にあるのにわざわざ入浴しに行くローマ人にとって、公衆浴場は社交場をも兼ねていた。これをもっと貧相にした公衆浴場が、やはり中世にも存在した。しかし売春婦が客をとる、かなりいかがわしい場であることも多かったようだ。ごくまっとうな一般市民にとっては、たまに利用する以外、ほとんど用のないものだった。

臭いの原因として、さらには洗濯の技術的問題があった。漂白に尿を用いることはすでに述べたが、着ているものを漂白できる人は、そこそこ恵まれた階層に属していることを意味していた。多くの人にとっては、灰を溶かした水に衣服をひたして、ひたすら叩《たた》くことが洗濯だった。そして日本の着物もそうだが、ヨーロッパの昔のドレスは、簡単に洗えるような構造をしていない。着たり脱いだりするときでさえ、ボタンがなくていちいち縫《ぬ》う必要があったのだ。ヨーロッパに行かれたら、服飾博物館で実際に確認していただきたい。服はほとんど洗濯しない、これが基本だ。たまに下着を洗うだけ。だからネロ帝などのように、一度着た服は二度と自分では着なかった人たちも、歴史上には数多い。

◆〝香水〟はヨーロッパを救ったか

よく知られているように、ヨーロッパで香水が発達したのは、こうした劣悪な衛生環境の裏返しだ。最初はバラなどの花を煮詰めてつくられた。12世紀頃からはイタリアの修道院で、純粋なアルコールの生産が開発された。その後、麝香《じゃこう》（ムスク）をはじめとした動物性の香水がヨーロッパに流入し、その匂《にお》いの強さもあってかなりの流行をみた。とくに手袋に染み込ませて用いられることが多く、事実、オックスフォード伯がエリザベス1世に香りつき手袋をプレゼントしたりしている。しかし、健康への害があるとする誤った論がいくつか発表されたり、匂いがモラル的によろしくないと小言を述べる神父たちが現れたりして、その流行は落ち着いたものとなった。こうして近代もつい最近に至るまで、ヨーロッパはつねに「におう大陸」だった。

さて、ここまで読まれてどうだろう。ルネサンスの絵画に描かれた、美しい女性たち。願わくば、当時のヨーロッパに飛んでいって、愛の言葉でも交わしたいとでも思われるだろうか。しかしもし本当に彼女たちの横に座ったなら、現代に生きる私たちはおそらく、彼女のまわりに軽くただようその臭気がどうしても気になるはずだ。それでもよいですか——読者の、とくに男性の皆さま、ガッカリさせて申し訳ない。

物乞いは、社会が認めた〝職業〟だった

●中世の貧困層の実態

「わしは、ずっと以前に視力を失ったが、いまさらそれを回復する必要がどこにあろうか。(…)もし目が見えるようになったら、みんなはわしが物乞いをするのを卑しいことだと思うだろう(…)」(岩村清太訳)

15世紀のスイスでは、住人の2割が完全な無所得だったという調査結果がある。課税対象とはならない低所得層までを貧困層と定義するならば、中世を通じて、ヨーロッパの人々のおよそ半数が貧民に該当《がいとう》していた。この数字を裏づけるように、都市住民のおよそ半数が賃貸家屋に居住していた。そしてそのほとんどが、30平方メートルに満たない広さの住宅だった。6畳ふた間の家といったところか。

しかし中世は核家族の時代ではなく、大家族が普通だったことを忘れてはならない。そして農村では、徐々に貧富の差が開き、小作農家と地主とに層がはっきり分かれていった。田園生活も決して楽なものではなく、ちょっとした不作をきっかけに生活基盤を失う危険性はつねにあった。

貧困層が全住民の半数を占めるというのは、尋常な数字ではない。物乞いによって生計をたて

る人々も増えていった。当然ながらそのほとんどが、施《ほどこ》しを期待できる都市で暮らし、街にいくつもある教会の前には、必ずといってよいほど物乞いが陣取っていた。
飢饉《ききん》は農村だけでなく、間接的に都市の貧困層にも大打撃を与えた。中世後期からは行政府がそのための備蓄をしているケースも増えた。たとえば、ニュールンベルクでは16世紀初頭の飢饉の直後、5000人以上の住民へ配給をおこなった例などがある。多くの場合、修道院などの食料庫からの支援を受けて、パンとワインの配給がなされた。

◆〝都市の一部〟としての物乞いたち

ただし当時は、乞食という生業《なりわい》それ自体に、現代社会におけるほどの悲壮感はない。キリスト教では施しの行為は美徳であり、中上流階層が日常的に施しをおこなう習慣があることもその一因だろう。冒頭に引用した盲人の言葉のように、乞食は一度やるとやめられない仕事だった。ときには実入りのよい仕事でさえあった。中世の社会の雰囲気を想像するためにも、阿部謹也氏による名著『ハーメルンの笛吹き男』の一節を以下に引用しておこう(一部用語を修正)。

中世都市の住民は現代のようにこれらの悲惨な運命を担った人々をまったくの他者として隔離したりせず、自分たちの目にふれるところで見守っていたのである。中世都市には「社会復帰」という概念はなかった。貧民、乞食、盲人、淫売婦なども含めた多様な人間存在がおりなす生活空間が社会そのものなのであった。

ある層から転落して物乞いとなった人々もいたろうが、乞食の家に乞食として生をうけることもあった。そして当時は、親とは異なる職業につくようになる子供は少数派だった。パリなどのように、乞食のために一種の組合さえある都市もあった。こうした乞食組合の長は俗に「乞食の王様」とよばれていた。また、病にたおれたある乞食が、ふたたび物乞いができるようになるまで病院での治療が必要だと記した、1450年のケルンの資料がある。病気が治ったら別の仕事ができるから、ではない。また物乞いができる、のだ。まさに乞食は、中世の都市の風景の一部だった。

しかし、彼らの生活はときおり危険にさらされた。ごろつきどもの憂さ晴らしの対象となることは避けられなかった。しかしもっと恐ろしいのは、原因不明の不幸な出来事のスケープゴートにされることだった。1390年夏、シャルトルで食中毒が大量発生した。なぜか数名の乞食たちが、井戸に毒を投入したのでは、と嫌疑《けんぎ》をかけられた。たまたまその頃、フランスはイギリスと戦争中だった。そして裁判が始まると、乞食たちはなんと、毒の投下はイギリス国家との共謀テロであったと自白して、そのまま公開処刑に処せられた。しかし、明日のパンさえ口にできるかわからない生活をおくりながら、高価な毒物を大量所有し、さらに敵国と陰謀をめぐらせるほどに余裕があるような乞食など、いったいどこにいるだろうか。だいいち、イギリスと謀議を重ねるためには、その乞食たちが英語を話せた可能性さえあるではないか。

◆行政による物乞いの〝許認可〟制度

ほとんどの都市において、乞食たちが増え続けていくことは、行政側にとって徐々に脅威として感じられるようになった。増え続ける彼らの数をなんとかしてコントロールすべく、１３７０年のケルンで、乞食の登録制度が定められた。そのため、妙なことに以後は許可の「印」を所持した乞食だけが、物乞いをすることができた。イギリスでは、１３４９年、次いで１３８８年に、五体満足な者が乞食をすることを罰する法律が出された。

こうした規制法のことを、俗に「乞食の規則」とよぶ。重要なことは、１３４９年とは、ヨーロッパ全域でペストが最初の大流行をみた次の年にあたることだ。なんというわかりやすい関係だろう。魔女裁判の章でもみたが、人々は天災や伝染病などがおこれば、どこかにその原因を求めなければ気がすまないのだ。

こうした「乞食の規則」は、ヨーロッパの各地でその後も何度となく発布された。１４３７年にニュールンベルクで出された「乞食の規則」では、健康体で普通の仕事につけるにもかかわらず「その意思のない者」がいれば(今でいうニートにあたるだろうか)、警告したのち1週間の猶予《ゆうよ》をあたえ、その間になんらかの仕事につかなかった場合には、なんと「市から追放して良」かった。しかも、初犯でなくこれをくり返した者には、拷問を加えたのちに追放してよいとされた。

その後も、１４８２年にはチューリッヒで７５０人の乞食が、そして１４８５年にはニュールンベルクで1500人の乞食が捕らえられ、街から追放された。彼らはたいてい、同時に「よそ者（外国人）」でもあるケースが多かった。イギリスで1540年代にヘンリー8世が出した規則はさらに厳しく、乞食がもし健康体だと判明したら、鞭《むち》で打たれながら引き回されることが決められた。強調しておくが、この頃のイギリスはすでに議会による立法組織を有していた。この厳しい法律は、ひとりの頭のおかしい王が勝手に作ったわけではなく、一応はちゃんと議員たちの間で審議を経てから出されたものなのだ。そして多くの場合、なにかしら因果関係がある事件や天災や伝染病の流行がその裏にあった。つねに、「乞食の規制」は〝治安維持〟のための有効手段とみなされていたのだ。

貞操帯はどのように使われたのか

●男と女の歪んだ性意識

邪悪な力を近づけぬためには
やはり、奥方を殺すのがいちばんです
ですがなんとも困ったことに、あなたの奥方は不死身であられます
そこで、御心安らかになっていただくため
新型の錠前をお勧めします

これさえあれば、奥方の貞節は保証されます
なにしろ、力ずくで、操を守らせるのです――（吉田晴美ほか訳）

これはヴォルテールによる有名な『鍵（錠前）』というソネット（詩の一種）の一部だ。冥界《めいかい》の王ハデスが、誘拐《ゆうかい》して妻としたプロセルピーナの愛を、いかにしてつなぎとめようかと考えていたとき、貞操帯というものがありますよ、とある男から王が勧められている状況だ。

興味深いことに、この男は「一人のフィレンツェ人」という名で登場している。ヴォルテールのこの詩は、エロチックかつユーモラスに書かれた小話なので、当時のフランス人がこの詩を読むと、クスッと笑えるようにできている。

当時のフランスは、ヨーロッパで最も貞操帯の知識と、おそらくはその使用率も高かったと思われるが、彼らの間ではこの器具はイタリアの発明品だと信じられていた。百科全書派のディドローなどもイタリア発のものだと記している。その際、ローマ、フィレンツェ、ヴェネツィアなどの都市名が発祥の地として挙げられることが多かった。

◆娼婦の増加と貞操帯

これらのどこが本当の発祥地なのかは定かでないが、いずれの都市もルネサンス期に文化的活動が盛んだった経済中心都市であることが面白い。というのも、それらの町では実際に、豊かであるからこそ人口も増え、建築ラッシュの時期が長く続いた。周辺から、家を継ぐことができな

い次男坊や三男坊が、こうした都市へと仕事を求めて集まってくる。建築現場がこうした人々を吸収した。しかし後で見るように、男女の結婚はおいそれと簡単にできる状況にはなく、ただでさえ若い独身男性が多いところへ、さらに男たちが流入してくるのだ。こうしてルネサンス都市は、独身男性と、彼らを対象に商売をする娼婦たちであふれかえった。娼婦によっては、特定の上客がほぼ占有するようなケースも多く、彼らが貞操帯の利用者となった。

また、ルネサンス諸都市では結婚の際、これも後に見ていくように男女の年齢差がはげしい場合も少なくなかった。こうして、若い女性と年老いた男性という組み合わせの夫婦が数多く誕生し、若い妻を自らの体力でつなぎとめておくことに自信のない男性たちが、こうした器具で安心を買おうとしたとも考えられる。

いずれにせよ、実際の使用率はかぎりなく低く、ほとんどの人々は貞操帯など見たことも触ったこともなかっただろう。しかし、長い間研究者たちが考えていたように、「架空の、伝説的なもの」という見方は誤りであることがわかっている。現実として貞操帯は存在したし、利用されたケースも確実にあったし、使用しなかった大多数の人々も、それが何であるかを知っていた。だからこそ皆が聞いて笑えるような小話も数多く存在したのであり、今でもクリュニーなどの博物館に行けば、現物をこの目で見ることができるのだ。

それらは「ウェヌスの」パンツや鍵とよばれることが多かった。ウェヌス（アフロディテ＝ヴィーナス）はいわずとしれたギリシャ神話の美と愛の女神だが、ウルカヌス（ヘファイストス）を夫としていた。ウルカヌスとは、ゼウスの妻ヘラが、女神アテナを独力で産んだゼウスに対抗して、ひとりで産んだ子だった。女神による単性生殖の試みは失敗におわり、生まれたばかりのわが子が醜く、手足にも障害があることに気づいた母は、薄情にもその子を崖から落として捨ててしまった。この子がウルカヌスであり、拾われて育ち、のちには火とかまどの神となる。その醜い男を夫にした美と愛の女神は、美青年のマルス（アレス）と情を結ぶ。

こうした伝説があるので、「寝取られ男」と耳にしたときに、西洋では誰もがついでにウルカヌスのことも思い出せた。そしてウルカヌスは仕事柄、鍛冶《かじ》の第一の名手でもあり、鎖や錠前といった細工はお手のものだったことも、彼の妻の名が貞操帯と結びつけられた所以《ゆえん》だ。

◆金属加工の技術と貞操帯

イタリアが発祥の地、あるいは代表的な生産地とされた理由は、前述した娼婦の数以外にもうひとつあり、それがこの〝鎖や錠前〟といった金属工芸の技術だった。北部イタリア、なかでもベルガモは金属加工で有名で、兜《かぶと》や剣の名産地として広く知られていた。この伝統はその後も続き、そのおかげでベルガモやブレッシャの地域は、今でも拳銃などの武器生産が盛んだ。なかでも、大手のベレッタ社は、16世紀から続く古い伝統を誇っている。こうした〝金属加工＝ベルガモ〟という連想がたたって、ヨーロッパでは貞操帯のことを「ベルガモの鍵」ともよんでいた。

鍵自体は古代ローマの時代からあるが、貞操帯に使えるほどに小型化する技術はルネサンス期に入ってからのものだ。簡単に合鍵ができるようでも役立たない。小さいながらも、充分に複雑でなければならなかった。鍵細工師は犯罪者側にとっても有益な技術者なので、ルイ王朝のパリでは許認可制がとられた。おまけに、合鍵作りの持ち込み依頼ができないように、錠前屋は必ず〝鍵と錠前本体とをセットで〟作るよう義務づけられた。たしかにこうすれば、合鍵製作をある程度防ぐことができる。

錠前屋の仕事のうち、貞操帯の注文はほんのわずかを占めるだけだったろうが、しかしかように貞操帯の歴史は、鍵の技術のそれと並行していた。そのうち、持ち手の部分に繊細な透かし彫り模様が細工された、非常に美しい鍵まで作られるようになった。

◆間男へ向けられた〝鉄の歯〟

貞操帯は陰部を覆《おお》う部分と、腰に巻くベルト、錠前の3つの部品から成っていた。すべてが金属製のものもあるが、ベルト部分だけが布や革製である場合や、錠前以外の2パーツとも布や革製のものがあった。ただし、すぐ切ることができるようなものでは目的を達しないので、覆う部分は厚いなめし革や、何枚もの革を重ねて鋲《びょう》で留めてあるようなものが多い。黒かこげ茶に、にぶく金属部分が光るこれらのしろものは、見た目にもグロテスクで、いかにも歪《ゆが》んだ性意識が生み出した物体らしい姿をしている。

貞操帯を描いた15世紀の版画。女が年老いたパトロン（左）のがま口に手をのばす一方で、右にいる愛人に合鍵を渡している

開口部は前と後ろにそれぞれ小さな穴が開けられているだけで、そこから用を足せるにしても、満足な洗浄もできず、おそろしく不衛生だ。そのため、より大きな穴が開けてある種類もあったが、それらは覆い部分まで必ず金属製だった。というのも、大きな穴があっては夫にとって歓迎されざる侵入者を許してしまうので、開口部の縁の部分がギザギザの形になっていて、外へ向かって反っていたのだ。こうした鉄の歯は、もちろん近づきすぎた闖入《ちんにゅう》者の体を刺してしまうためにある。

くり返すが、もちろん一般的に広く使用されたものではない。しかし、まったくといってよいほど使用されなかった、というほどに珍しいものでもなかった。当然、妻に対して利用していることがわかった男性は、その猜疑《さいぎ》心と独占欲の強さ、嫉妬深さと自信のなさを笑われた。当然だ。妻の体を第一に考えたら、それを不潔極まりない残忍な拘束具で蓋《ふた》をしてしまおうとはしないはずだ。ところがほかにも使用者がいて、『風俗の歴史』の著者フックスの記述によれば、ある母親が、「実の娘は12歳のときから、昼も夜も四六時中ずっと貞操帯をつけている」と自慢する。娘は完全に処女ですよ、というわけだ。なかには、女性の側から自らつけて、愛する人に鍵を贈るようなケースさえあった。あなたのものですよ、という意思表示なのだろうが、あわれなことだ。贈られた側が、そんなものなくても信用してますよ、と鍵を返すことははたしてあったのだろうか。

老いた夫と幼な妻…〝不釣合いなカップル〟はなぜ増えたか

●社会構造が生んだ〝結婚のかたち〟

「ゴテリンドを妻としますか。そうなら『はい』と答えなさい」

「喜んで」とレマースリント(…)

「貴女もレマースリントを快く、夫としますか」

「はい、いたします。神のご意思なら」(林ゆう子訳)

13世紀のドイツの詩にあるとおり、結婚式での口上《こうじょう》は、この頃からほぼ今の形になっていたことがわかる。ただし両者に問いかけているのは、村の年長者やいわゆる賢者たちであることが多かった。これを必ず司祭がとりおこなわなければならないと教会法が明言するようになって、しだいに教会結婚式が定着していった。ただし、司祭がとりおこなう結婚式でないかぎり正式な結婚とはみなさないという法律ができたのは、実際には１５６３年以降のことである。しかし、とりわけ神聖ローマ帝国とシチリア王国の広範な領土の主となったフェデリーコ（フリードリヒ）２世が、王国の全男性に対して教会での正式な結婚手続きを義務づけた１２３１年の法律が、教会結婚式の定着に最大の貢献をした。口上も、現在の「病めるときも、健《すこ》やかなるときも……」という例の誓いの言葉になった。

◆バラエティーに富む嫁入り道具

しかし花嫁花婿となる若い男女本人たちにはほとんど決定権はなく、結婚とはあいかわらず家同士の契約を意味していた。ふつう、父親同士が本人たちよりも先にあいさつするための機会をもち、それから本人同士を交えた婚約となった。このとき、こんにちと同じように指輪を贈りあう。それから妻が夫の家へと引っ越しして、ようやく婚姻の手続きが完了となった。

その際、嫁入り道具が必要となる。それも契約の一部に含まれているからで、やはり13世紀ドイツのザクセン法などでは、その内容がことこまかに規定されていた。当時の生活に必要な道具などもよくわかるので、その全文を引用しよう。

「羊とがちょう、ふたが中高になった箱、いろいろな種類の糸、ベッド、羽根枕、ふとん、亜麻布シーツ、テーブルクロス、手ぬぐい、バスタオル、たらい、燭台《しょくだい》、亜麻布、婦人服一揃、指輪、腕輪、帽子、詩篇その他ミサに使う本一揃、肘かけ椅子、長持ち、じゅうたん、カーテン、壁かけ、ひも類一式。これが嫁入支度一揃である。このほかにこまごましたものが加わる。それが何かはとくに書かないが、ブラシ、はさみ、鏡のたぐい」(ザクセン法鑑、一部24条3節。高津晴久訳)

たらいやひもなどは充分「こまごましたもの」に思えるが、当時はそうではないようだ。それにしても古今東西、法律のこまかいことよ。妻が持参するよう定められているのは、生活用具ほとんど一式すべてだ。ベッドやふとんなどはわかるが、家畜まで妻側の持参品だったことがわかる。〝鏡〟は現在のような形のものではない。平面に水銀蒸着させる技術はなかなかに高度なものなので、ほとんどは金属を磨いただけの凸(あるいは凹)面鏡だ。〝長持ち〟というのは木製の横長の衣装入れ「カッソーネ」のことで、結婚に際し夫婦がそれぞれひとつずつ作り、そこに入るかぎりの衣服の量が、基本的にその人がもっている衣服のすべてだった。

このように、家具と衣服と装飾品が、その人がもつ財産のほとんどすべてだった。立派な上着や外套《がいとう》のたぐいは、おおよそこんにちの軽自動車1台ほどの価格だと思っていただきたい。

◆新郎の義務と夫婦の財産のゆくえ

では夫側は何も用意しなくてよいかといえばそんなことはなく、住居を用意するのは当然のこととして、地域によっては「花嫁代」が必要とされた。これはこんにちの結納金にあたり、現金よりも田畑などの農地の形で支払われることが多かった。当然ながらこれは、不動産を分与する余裕がある上流階級に限られた習慣だった。

ほかに「衣装代」も必要となることがあった。これはウエディングドレスの製作費用であり、中流以上の階層において一般的な習慣であった。なにしろ結婚式でお披露目するので、見栄っぱりたちはド派手でやたらと高価な衣装を仕立てさせた。もうひとつ夫側が用意することが一般的だったのは「化粧箱」だった。妻になる人のための小さな机や箱のことであり、つまりはこんにちの鏡台の役目をはたしていた。

新しい夫婦の資産には、このほかに不動産と貨幣がある。不動産はほとんどの場合、夫側が用意する住居がすべてであり、夫の両親と同居であるため、新居を建築するわけではない。よって基本的にずっと夫側の持ち物だ。

いっぽう、妻は嫁資《かし》を持参してくるが、一時的に夫に預けるにせよ、基本的には妻側のものだ。そして結婚後に夫婦で築いた資産の所有はどうなるか。これは離婚裁判で、初めて問題の所在に気がつかされる性質のものだった。そして多くの場合、基本的に半分は妻の貢献が認められた。

離婚の項で詳述するが、基本的にカトリック世界では離婚は認められない。しかし、ある夫婦の間に、何らかの正式な理由による離婚が成立することもある。その場合、持参金は全額妻側に返ってくる。夫が先に亡くなった場合にも、妻に全額戻ってくる。妻が先に亡くなったときにだけ、夫と妻の実家との話し合いになる。夫がそのまま取る場合もあったが、亡き妻の兄などへ返却されることが多かった。

よく誤解されているように、持参金は別に夫側へのプレゼントではないのだ。たしかに夫はそれを商売などに投資してよいが、基本的には妻の財産であることにかわりはなかった。では何のためにこの制度があったか。それは、当時の結婚年齢と密接な関係がある。

◆広がる夫婦の年齢差

時代や地域によって変動はあったが、基本的に男女の初婚年齢差は非常に大きかった。これにはいくつかの原因があった。まず、中世の女性にとっては、子供を産むことこそ最大の使命だった。女性は初潮を迎えれば、基本的には出産が可能となる。そのため、早ければ12～14歳あたりから女性は結婚の対象になりえた。当然、妻が若ければ若いほど、子供を得るチャンスも多くなる。

とくに上流階級では、女性の早婚の傾向は顕著だった。というのも、妻を出す側にも迎える側にも女中がおり、出す側は娘を家庭内労働力としてあてにする必要はなく、また迎える側にとっても、とくに家事の訓練を経てきた女性が妻である必要もなかった。そして彼らの金銭的な余裕は、乳母を雇うことを可能にした。子供が生まれればすぐに乳母へあずけ、母親本人は授乳しないのだ。理由は単純。授乳中は次の月経がこないので、授乳を早々に切り上げることで、強制的に次なる妊娠が可能となる状態を早めるのだ。

いっぽう、男性側の年齢は逆に高くなっていった。家庭を運営していくためには、まず経済的に自立していなければならない。にもかかわらず当時の商人社会は、男性の独立に時間がかかるシステムだった。

都市国家を実質的に動かしていたのは組合（ギルド。イタリアではアルテ）だった。これはもともと、同業者が増えすぎてひとりあたまの利益率が下がることを避けるべく、市場を寡占《かせん》状態に置くために誕生した。同業者の数をコントロールする認可制度と、価格調整カルテルの機能がその二本柱だった。正式な構成員である親方（マエストロ＝マイスター）の数がある程度限られていれば、当然ながら、ポストが空くのを待たなければならない巡り合わせとなった人も中にはいただろう。

また、扶養家族の人数に応じて人頭税が軽減される課税システムも、この傾向に拍車をかけた。大家族にひとりだけいる家長の下に、全員が扶養家族としてぶらさがる形にしておけば、一家全体で支払う税額はぐっと小さなものとなる。こうしたさまざまな要因が重なって、男性は30代なかば、そして女性は10代後半が初婚年齢の普通の数字となった。夫婦の間にざっと15歳ほどの差があった計算になる。今ならロリコンよばわりされかねない数字だ。

◆夫を亡くした妻のその後

当時は「人生50年」の時代だ。結婚して、普通に年月を重ねていけば、結婚後15年もたてば夫が先に亡くなり、妻は未亡人となる。年齢にもよるが、未亡人が次の夫を見つけてくることは容易なことではなかった。そうなると、いったい誰がこの未亡人を、ずっと食べさせていくのだろう。このとき初めて、昔自分が持ってきた持参金のありがたみを感じるのだ。このように夫の死後、女性の生活を保障するための一種の年金とする、これが持参金の正体だった。

もし妻が寿命をまっとうするとしたら、未亡人を待っている老後は長い。ならば未亡人と結婚する男性が多くてもよいような気がするが、当時のモラルはこれを歓迎しない。14世紀のフランクフルトの数字では、あらたに市民権を獲得した男性のうち、未亡人と結婚したケースは全体の0・03％しかなかったことがわかっている。つまり、ほとんど誰も未亡人には見向きもしなかったのだ。黒いヴェールをかけて、ひとりでじっとおとなしくしていなさい。これが当時の未亡人への一般的なスタンスだった。

もちろん、当時の出産の特殊な状況などのせいで、女性の産褥《さんじょくし》死率が高かったことはすでに見た。そのため、経済的に余裕のある男性は、次から次へと若い妻を娶《めと》っていくことがよくあった。たとえばレオナルド・ダ・ヴィンチには、実母のほかに4人の母がいる。父であるピエロは、公証人（契約を公的に成立させる職業）として成功していた。結果的に、最後の母はレオナルドより10歳以上年下の女性だった。また、たとえ妻を産褥死で失っても、当時の男性は1年たたないうちに次の妻を迎えていることが多い。当時は子供をつくることがまず大事なのはわかるし、もちろん妻を亡くした直後は悲しんだりもしたのだろうが、それにしても現代人の目にはやや薄情にも映る。

◆〝ひとり勝ち〟する裕福な老人たち

そうなると、少数の成功した男性が、若い女性を次から次へと奪っていくことになる。わりをくうのは低所得層の男性だ。当時の教会がいくら結婚は義務だとさけぼうが、男性の4人に1人がけっきょくは独身のままで終わることになる。

いっぽう、女性は女性で持参金の制度があるため、普通の家庭には何人もの娘を嫁に出す余裕はない。長女だけを送り出すことができればせいぜいだ。修道女や娼婦が増えていく構造はここにもある。あるいは、どこかの裕福な家の女中となって、何年も奉公する。住み込みで、給金が出ればそれを自分で持参金のために貯金する。銀行がわりに実家がこれを長年にわたって管理することも多い。もしくは給金が出ないケースもあるが、運がよければ、ご奉公している先のその裕福な家が、女中の年齢を見計らって結婚相手をみつけてくれ、持参金をつけて送り出してくれることもあった。

社会構造的に、若い女性は、同年齢の男性よりははるかに年上の層のほうを向いていた。教会側ははじめ同年代同士の結婚を推奨していたのだが、こうして社会構造的に「年齢差のあるカップル」は増えていった。場合によっては、レオナルドの最後の母親のケースのように、30歳以上、40歳以上もの年齢差カップルも誕生した。

当然ながら、所得の多い男性のケースばかりだ。若い女性を連れた高所得の老人が街を何人も歩いている。この状況はさすがに、まともな状態とは当時も思われていない。大多数の層からのやっかみも強かった。

こうした特殊なカップルをとりあげた、「不釣合いなカップル」と題する主題の絵画作品が何枚も残っている。描かれた老人たちは、皮肉もこめて、卑猥《ひわい》なうすら笑いを浮かべて若い女性の肩を抱き、乳房を片手でまさぐっていることが多い。女性は年齢差妻であることも多いが、若い愛人や娼婦を描いたと思えるものも少なくない。まれに、老いた未亡人と若いツバメというケースもあるが、これは先に見たとおり、かなり珍しいケースだった。

不釣合いなカップルを描いた、ハンス・バルドゥンク゠グリーンによる1507年の版画

こうした「不釣合いなカップル」の主題の多くは、ただ皮肉るだけでなく、そうした風潮に対して警鐘《けいしょう》を鳴らすモラル的動機によって描かれたと考えられている。

インポテンツとののしられた夫たち

「人がまだ婚約していない処女を誘惑し、彼女と寝たならば、必ず結納金を払って、自分の妻としなければならない」(『出エジプト記』第22章15節。新共同訳)

旧約聖書はつねに男目線で書かれているので、女性の読者の癇《かん》に障《さわ》るかもしれないが、ともあれモーセが伝えられた「契約の書」のこの一節をもって、結婚は七秘蹟《ひせき》のうち、唯一十戒で言及されたものとみなされた。教会がこれをとくに重要視し、社会の基盤としようとしたのも道理だ。

さてキリスト教世界では、いくつかの要因によって結婚は現在の形になった。すなわち、「子供をつくることが夫婦の最大の使命である」こと、そして「〝女性の〟性的欲望は、子供をつくるためにこそある」という考え――男性の性的欲求は、たいして問題にされない――である。ということは、子供をつくることと以外を目的とした性行為は、すべて否定されることになる。夫婦間以外の性関係を認めない。よって、愛人や娼婦はよろしくない。この基本姿勢は、聖書の説話とも矛盾《むじゅん》していない。というのもマリアとヨセフも、性的交渉はなかったが子をなしたので、結婚の目的は達成されているものとされたからだ。

次に、「近親相姦を認めない」ことも基本スタンスだ。これは次章で詳しく扱うように、多神教文化との対抗・差別化のために強調された意味合いが強い。ともあれ、このタブーのおかげで、7親等までの結婚が禁止されることになった。

こうした状況下では、離婚は基本的に認められない。それが例外的に許されるのは、前述した原則を満たさない場合のみである。つまり、「夫婦に子供ができない」場合と、「女性が子供をつくる以外の性的欲望をもった」場合、そして「その結婚が近親相姦にあたる」ケースだ。

まずは第三の「近親相姦」の場合だが、本来の目的とは無関係に濫用するケースが頻出するようになったため、1215年には「4親等まで」に該当《がいとう》条件がせばめられた。これについては、第4章で再度あつかうことにする。

◆妻の不貞と夫の不能

第二の条件は、言い換えれば「妻が不貞した」ケースをさす。これは当然ながら夫からの申し出によるもので、もし妻が有罪とわかれば、重い罰が待っていた。次項以降で見ていくように、どうみても男女同罪にみえる状況でも、不公平にも女性側に不利なものとなっていた。ただし、妻が不貞したことを証明するのは、なかなか困難なことではある。そのため、訴え出られたものの、裁判所側が扱いに困ってしまうことが少なくなかった。本当かどうか、人間には判断がつかないときは、例によって判断を神に委《ゆだ》ねた。第1章で説明した「神明裁判」の出番だ。たとえば、ロタール2世が訴え出た、妻テウトベルガの不貞裁判のような例がある。熱湯に手を入れて、やけどを負わなければ無実が証明されるというものだ。めでたく、妻の不貞の疑いは晴れた。ただ、熱湯に手を入れさせられたのは、王妃本人ではなく彼女のあわれな代理人だったのだが。

第一の条件である「子供ができない」に関しては、夫側からの「産まず女」告訴ももちろんあったが、女性側の不妊はほとんど離婚の正当な理由としては認められなかった。しかしなんとかして世継ぎをつくらなければまずい、というような王侯貴族の場合にはこの限りではなかった。

結果的には、この条件は、妻側に認められたほとんど唯一の離婚請求事由《じゆう》であったため、妻から夫を訴えるケースがそのほとんどを占めた。つまり、妻が夫を「性的不能」で訴えるのだ。

「2年間ともに暮らして子供ができない」ことを、正当な離婚事由として認めたのは、早くも6世紀のユスティニアヌス帝の法典だった。後に、条件は「3年間」に拡大された。はじめキリスト教会はこれを認めず、たとえ子供ができなくても夫婦は生涯一対を原則として、「兄妹のように穏やかに暮らせ」と指導していた。しかし8世紀に入って、教会も夫側の性的不能を離婚事由として正式に採用した。ただし複雑なことに、「結婚前からすでに不能」である場合に限られた。つまり、結婚した後で「妻に魅力を感じなくなって勃《た》たなくなりました」では虫がよすぎるぞ、ということだ。

◆初夜の〝公開〟

そのせいもあって、結婚初夜で夫婦がちゃんと事をなしたかどうかを確かめる習慣ができた。

初夜明けに、寝室の窓から血のついたシーツを垂らすのだ。たいてい、窓の下には親戚やご近所さんがたむろしていて、「行為」の間はやしたて、それが終われば「血の証明」を見て拍手するのだ。結婚すなわち家同士の契約であるとの色彩が強い王侯貴族の場合には、さらに下品だ。というのも、初夜を迎えた新婚夫婦のベッドのまわりを証人たちが囲み、行為をしている間じゅう監視して、契約が履行《りこう》されたかどうかを最後まで見届けるのだから。この儀式にはもちろん、女性がそれまで処女だったことを確認する意味合いもあった。庶民の場合でもそれは同じだ。だからこそ、嬉《うれ》しそうに血のついたシーツを見せびらかすのは、花嫁の母であることが多かったのだ。そして洋の東西を問わず、処女であるよう見せかけるための、小さな血の子袋はよく知られた手法だった。血を吸わせたヒルを使う、薄気味悪い方法もあった。

初夜に関してひとつ誤解が多いのは、封建領主のいわゆる「初夜権」についてだ。領内のすべての女性の嫁入りに際し、領主が初夜を奪う権利を有するという、世にも野蛮で下劣なシステムがあった――と一般には信じられている。おそらく原始形態としては本当にあったのだろう。しかし、エルラーなどの研究者によれば、中世でそれが実際に適用された証拠はほとんど見当たらないらしく、そしてたとえ本当にあったとしても、実際には金銭の形で徴収したのではないかと結論づけている。いまだに結論は出ていないが、そうであってほしいものだ。

さて、ひとたび離婚が正当に認められれば、それまで夫婦がたくわえたものを、結婚以後の分に関してはぴったり半分を妻は夫に請求できた。もちろん、嫁入りの際に持参してきた道具すべてと持参金をとり戻すことができる。このことはザクセン法などにも明記されており、さらにシユヴァーベン法などでは、夫がたとえ犯罪をおかしたことによって夫婦関係が解消され、夫が禁治産者になったとしても、妻の持参金、つまり老後の生活資金だけは奪われないことが保障されていた。何もかも女性に不都合な決まりごとばかりでもなかったことがわかる。

◆性的不能者たちの〝無罪〟証明

さて、インポテンツで訴えられた夫たちはどうなったか——当時、魔術的行為として信じられていたもののひとつに、男性のインポテンツをひきおこすというものがあった。昨日まで機能していたのに、ある日いきなり理由もなく異変が起こったように感じられたのだろう。それなら原因を外的なものに求める心理も説明できる。ともあれ、訴えられた夫は自らの無実を勝ち取るために、悪魔祓《ばら》いの儀式をうけることさえあった。もちろん、医者もできるかぎりのことをした。夫の男性器がいまだ正常に機能することを証明できさえすれば、夫は笑いものにならなくてすむのだ。

しかし、男性の医師の前では、うまく証明できない夫もいるだろう。それならばと、実際に医師（あるいは弁護士などの証人）の立ち会いのもとに、夫婦で寝床に入らせる実験をさせることもあった。これはフランスにおいて特徴的だった方法で、「コングレ（性交実証あるいは性交実検）」

とよばれた。

めでたく無実が証明されたにせよ、そうでないにせよ、この理由で訴えられた夫は笑いものにされた。どんなにこっそり事をすすめていても、裁判の公開性はプライバシーに優先し、噂《うわさ》はまたたく間に街中をかけめぐった。たとえ裁判の内容が一般には隠されていても、たまにこの手の裁判が起こると人々は大喜びして興奮し、卑猥《ひわい》なソネットなども数多く作られた。

1571年、シャルル・ド・ケレネック男爵は、性的不能として妻から離婚請求をおこされた。人々は久々の性的不能裁判に狂喜した。男爵と行き交う誰もがクスクス笑って指をさし、裁判の成り行きにいっせいに注目した。しかし、最終的な白黒の判断がつく前に、有名なバルテルミーの虐殺事件がおこって、男爵は亡くなってしまう。

　女王（カトリーヌ・ド・メディシス）は不能の疑いがもたれていた貴族、スビーズの夫の遺体を運んでくるように命じた。遺体を前にして、彼女は大勢のおつきの女たちとともに、大きな笑い声をあげながら、男の性器を観察したのであった――（ピエール・ダルモンによる収録。辻由美訳）

逸名著者が記した、あわれな男爵の死亡直後の場面だ。亡くなった後まで嘲笑《ちょうしょう》の対象となる、なんともやりきれないエピソードだ。こうして性的不能の疑いをかけられた夫たちは、歴史上ほかにも何人かいる。教皇アレクサンデル6世の娘として有名なルクレツィア・ボルジアの最初の夫も、そのひとりだとされている。もちろん、政変でこの結婚の利点がなくなったと判断したルクレツィアの兄チェーザレが、あらたな政略結婚の駒として、妹をとり戻そうとしたにすぎない。

しかし、なんら根拠のない噂だけは、こうして今でも夫についてまわるのだ。

性的不能で何が悪い、と開き直ることは、男性優位の思想背景があるかぎり一般に受け容《い》れられることはなかったし、今後も当分ないだろう。男性の性的不能をあざ笑う女性は、それが男根による女性支配を許容する行為にほかならないことに気がつかないのだ。

●異常性愛への刑罰と禁欲主義——睾丸、陰茎、クリトリス…なにゆえに「性器」を切断するのか

歴史上、男性器を切断する〝阿部定《あべさだ》的行為〟は、おもに2つの場面においてしばしば登場した。ひとつは戦場で、そしてもうひとつは「道を外れた性愛」の現場においてだ。

まず戦場の場合だが、男性が相手の男性器を切り落とす理由は単純だ。それが、相手の男より自分のほうが強いぞ、と誇示するための動物的な示威《じい》行為となるからだ。こうして兵士たちは、倒した相手の陰茎をわざわざ切除し去勢する。古代エジプトの戦士の頃から、つねに戦場で男性器はひどい目にあってきた。バルテルミーの虐殺事件では、去勢された男性死体が数多く転がっていたというエピソードもある。

なかにはその陰茎もしくは睾丸《こうがん》を、お守りのように持ち歩く者もいた。死者の体の一部には霊力が宿る、とする迷信がそのような奇怪な行動をとらせるのだ。同様に、魔女裁判の時代には、わざわざ真っ暗になるまで待ってから、こそこそと刑場まで行って、晒《さら》し者になっている刑死者の体の一部をいただきに行くものが絶えなかった。腐らない歯はとくに人気だった。ただし、邪悪な視線に惑わされないよう、死体の目を見ないように注意しながら歯を抜かなければならないので、そう簡単なことでもなかっただろう。切除した陰茎を持ち歩くのも似た行為なのだが、腐っていくのでさぞかし隠し場所に困ったことだろう。

「道を外れた性愛」の場合には、主に強姦、獣姦、そしてなにより姦通の刑罰として、性器切除がよく用いられた。中世のイギリスでは、強姦犯への罰はなによりもまず睾丸切除だった。獣姦者に対してはもっと厳しく、基本的には火あぶりにされるのだが、その前にまず陰茎の切除があるのだ。

ただ、立件にいたる件数は、潜在的な実数に比べてわずかだったはずだ。理由は簡単だ。相手が人間ではないので、乱暴されたと訴えられる危険性がないためだ。そのため、この罪で検挙されたケースは、ほとんど目撃証言だけを頼りにした、証拠のないあやうげなものだ。

ちなみにトゥールーズの慣習法では、獣姦の初犯なら睾丸切除、再犯で陰茎切除、三度目になってようやく火あぶりとなった。これでも当時とすれば比較的「軽い」量刑だ。

◆「姦通罪」としての性器切断

姦通罪への罰としての性器切除は古くからある。その昔クレタ島では、他人の妻を寝取った男は陰茎を切断され、男でも女でもない生きもの「アナンドロス」とよばれながら余生を送らなければならなかった。中世ヨーロッパでも姦通した男性に対する刑として、習慣的に多く用いられてきたが、しかし運がよい場合に限られていた。というのも、姦通が発覚するのは現行犯である場合がほとんどであり、その場合、たいていは現場に遭遇して逆上した夫に殺されてしまうケースが多かったからだ。しかも世間には、こうした夫による復讐《ふくしゅう》を、当然のこととして見逃す風潮があった。いっぽう、姦通した妻はどうなったか。こちらはさらに悲惨だ。というのも、妻を夫の所有物とみなす向きもあり、姦通した妻を夫が即、殺害することは別段問題視されなかった。この風潮は、14世紀頃から徐々に見直されていくことになる。とにかくそれまでは、不倫はまさに命がけの恋だった。

まれに、不倫した側の妻に対しても、性器切除を適用することがあった。もちろん陰茎はないので、クリトリスの切除となる。もともと、クリトリスは生殖に不要な、純粋に快感を得るためだけの「不道徳な器官」とみなされていたので、それに対する偏見や冷淡さには強いものがある。修道院に入るために、地上での喜びの完全な放棄の一環として、クリトリスまで切除してしまうファナティックな女性信者たちのエピソードには事欠かない。

◆「禁欲」のための性器切断

ちなみに修道院と女性といえば、有名なアベラールとエロイーズの物語でも、アベラールはエロイーズの叔父に陰茎を切除された屈辱の経験がありながら、彼がエロイーズへ送った書簡では、女性のクリトリス切除をなかば肯定している文言がある。真に禁欲的な修道院生活を選んだある女性が、その決意のあらわれとして自らのクリトリスを切除したという話題でのことだ。アベラールはこの出来事に対して、否定的な意見は何も述べない。エロイーズはアベラールとの世俗の結婚をあきらめて、女子修道院長にまでなっているのだから、その相手に対して開陳した意見としては、非常に思わせぶりで屈折したものだ。

姦通した男性には陰茎と睾丸の両方の切除がお似合いだ、という見方が一般にはつねにあった。ただし、W不倫となるとまた話は別だ。他人の妻と寝たような夫でも、自分の妻が「まだ私の夫です」と申し立てた場合には、睾丸切除は免除となった。子供をつくる能力を失った男性は、夫としての資格要件を満たさないからだ。旧約聖書の『申命記』にも、「睾丸の潰《つぶ》れた者や陰茎を切断された者」は一人前の社会人としてみなさない、という記述が出てくる。子供を産むことができないものは一人前ではないという意味と、かつて姦通をしたような者はダメなやつだ、という両方のケースを想定した規定なのだろう。たとえその人が姦通によってではなく、戦場で陰茎を切られていたとしても、たいして違いはない。子種のほうが大事なのだ。

また地方によっては、身体的苦痛よりも精神的な苦痛をというわけで、姦通した男女を裸にして、町を歩かせて笑いものにするという風習があった。その際、男性側の陰茎に紐《ひも》をつなぎ、その端を女性に握らせるという辱《はずかし》めがあった。切除しないまでも、やはり性器を直接の下手人《げしゅにん》として罰しているわけだ。見せしめに町を歩かされる姦婦に対し、子供たちや女性たちが石を投げつけることが多かったというあたり、古代からの集団執行刑である「石撃《う》ち」を思わせる。こちらも姦通罪に対する刑だが、なかでも売春婦をその対象とする刑罰だった。また、姦通された寝取られ男のほうをむしろ笑うという風習も広くおこなわれていた。あるいは、妻に殴られた夫がいれば、夫婦そろって滑稽《こっけい》な格好をさせ、ロバなどの背に乗せて町を歩かせて笑いの対象にすることもあった。いずれも「シャリヴァリ」とよばれる独特の習慣であり、異教徒的な習慣をその成立背景にもつと考えられている。

◆「さらし刑」としての性器切断

こうした集団への公開、「見せしめ」としての刑には、体の一部を切除することが多く採用されてきた。おそらく、体の一部がないこと自体、記号としての機能が高いことがその理由だろう。つまり、身障者に対する正しい認識などかけらもない時代には、人々は体の一部が欠損していることにギョッとしたのだ。それが罪人の証《あかし》であり、つねに公衆に恥をさらさせるという「晒《さら》し刑」の一種でもあるのだ。一定期間、城門の晒し台につながれて晒し刑にあい、刑期が終わって釈放されるときにはご丁寧《ていねい》に耳を切除したというケースなど、こうした刑罰の目的がよくわかる。罪状がコソ泥や強盗であれば、切除する部位が指や鼻や耳となり、性犯罪であればそれが性器となったまでだ。

それにしても、男性の睾丸を切除して去勢したり、陰茎を切除することには、当然ながら大変な危険がつきまとった。しかし、この刑は「辱める」ことに重きがあるので、受刑者が死んでしまっては目的を達さない。というわけで、この危険な手術を専門的にあつかう、「去勢師」とよばれる人たちもいた。この専門的な技術は、宮廷に去勢された「宦官《かんがん》」がいた古代ローマから伝えられていた。宦官の中にはまれに、生まれた頃から宦官となることを運命づけられた者もいて、幼年期に睾丸を切除したり潰されたりした彼らのことは「トラシアエ」とよばれていた。「スパドネス」は第二次性徴を終えてから睾丸だけを切除した男性のことで、陰茎は普通に機能していた。

これと同じ者たちは中東やアフリカ北岸地域にもいて、ハーレムの中に居住できた。１００人を超える女性を主君ひとりで満足させることはできないため、彼らがときおり、性愛の相手を務めるのだ。子種がないかぎり、たとえ陰茎挿入があろうとそれは姦通とはみなさない、という性モラルは現代から見ると奇妙に映る。

そして、陰茎も睾丸もない場合には、「カストラト」となる。これがそのまま、有名な「カストラート」をさす言葉となる。彼らは声変わりをしないので、ボーイソプラノのまま成人し、太古の昔から近世に至るまで、詩劇やオペラハウスでながらく筆頭スターの地位を占めていたことはよく知られている。私事で恐縮だが、筆者は小さい頃、少年合唱隊にいて、小5のとき、声変わりで泣く泣く辞めた経験がある。もしあのとき、あのままの声をそのまま永久に保ってやるからといわれたら……そう考えれば、カストラートたちの気持ちも……やっぱりちっとも理解できない。

教会は、同性愛にどう向き合ってきたのか

●男色の罪と少年愛

「女と寝るように男と寝る者は、両者共にいとうべきことをしたのであり、必ず死刑に処せられる。彼らの行為は死罪にあたる」(『レビ記』20章13節。新共同訳)

同性愛は死に値すると断罪したパウロをはじめ、キリスト教は同性愛者への軽蔑と嫌悪を隠さなかった。しかし、あまり知られていないことだが、いっぽうで教会は、この愛のかたちが古来人類に普遍的なものであることも認めていたのか、実際の刑罰の規定では死罪の対象とはしていなかった。7世紀前後に何度か出された贖罪《しょくざい》規定では、男色行為はおおよそ7年から10年の刑と定められていた。充分に重い罰ではあるが、当時の一般的な量刑から考えれば、同性愛は極刑の対象ではないのだ。

興味深いのは男女の差で、たとえば7世紀のテオドールスによれば、男同士であれば刑期10年

であるのに対し、女同士の同性愛なら3年だ。おまけに、男性同士の肛門性交は、相互のオーラルセックスより重く、単独での自慰行為よりはるかに重い。ところが、女性の場合は、女性同士の性行為でも単独の自慰行為でも、等しく3年ずつなのだ。これには男性の精液には魂が宿っていると考えていた当時の認識のせいもあるだろうが、少年愛に対しておおらかだった古代ローマの文化否定の一環だったのかもしれない。

おまえらの尻の穴に入れ、おまえらの口に射精してやる――（古代ローマのカトレウスの詩より。藤田真利子訳）

最初の女流詩人かつ同性愛者として知られるサッフォーやペイシストラトスといったキャラクターが伝えられている古代ギリシャは、同性愛に対してローマ以上にゆるやかだった。前述したような量刑にとどまっていたキリスト教ヨーロッパは、しかし、徐々にその立ち位置を変えていく。修道院内部での、肉体の交接をともなわない「魂の友愛」を称揚するいっぽうで、女子修道院では若い修道女同士が隣り合わないよう、年老いた修道女のベッドと若い修道女のベッドを、交互に並べるよう指導している。教会は、修道女でさえあからさまに信用していないわけだ。

◆教会による厳罰刑

そして、とくに10世紀を過ぎたあたりから、教会は徐々に同性愛に対する不寛容の度合いを強めていく。これには、十字軍遠征での長期間にわたる行軍が関係しているとみる研究者も多い。

こうして12世紀には「破門」、13世紀には「火刑」を同性愛者への刑罰とする法律が出されはじめた。14世紀のイギリスの年代記作者が伝えるところでは、男色に耽《ふけ》って王妃をないがしろにしたエドワード2世と、その寵愛《ちょうあい》を受けたデスペンサー親子は、王妃がさしむけた反乱軍に捕らえられた。デスペンサー親子は父と子そろって王の愛人だったので、王妃の目の前で2人とも男性器を切断され、腹を裂かれた。より悲惨な刑死をとげたのは王のほうで、肛門へ赤く焼けた鉄の棒が挿入されたという。

魔女裁判とそれを含む異端審問が激しくなってくると、男色行為これすなわち異端の悪徳、という構図が定着していった。こうなるともう手がつけられない。男性の受刑者の多くが男色行為を白状し、血も涙もない残酷な刑罰が機械的にくだされていった。第5章で述べるテンプル騎士団も、残酷な迫害を受ける際、その理由のひとつとして男色行為が挙げられていた。

しかしそのいっぽうで、古典文化の再評価であるルネサンスでは、古典古代の少年愛まで復活したわけでもなかろうが、ヴェロッキオやレオナルド、ミケランジェロやチェリーニといった芸術家たちが、男色行為疑惑で告発されたり、男性への霊的な愛を熱烈に吐露《とろ》したり、あるいは少年美への愛を隠さず、監獄に入れられたりした。ほかにもドナテルロやカラヴァッジョなど、あきらかに少年美を愛《め》でていた芸術家は少なくない。彼らの作品には、少年だけがもっている期間限定の儚《はかな》い美しさが、永遠に閉じ込められている。

4章――「聖書」と「神話」が西洋人に刻みこんだ〝命〟の意味

●その信仰心から、血塗られた歴史の〝深層〟が見えてくる――

西洋世界の根底には、2つの思想が流れている。その流れは目に見えることがなくとも、太古の昔から延々と、決して絶えることなく存在し、現在まで続いている。ひとつは、ギリシャ・ローマ神話に代表される「多神教の文化」である。そしてもうひとつとは、ユダヤ・キリスト教に代表される「一神教の文化」のことだ。

人々は、一神教であるキリスト教を信仰するようになってからも、同時に多神教文化から抜け出せなかった。しかし、これは奇妙なことだ。ひとりの人間が、同時に両者を矛盾《むじゅん》なく信じることなどできるだろうか――こうして、永遠のものとなる努力が開始された。一神教と多神教の文化を融合することだ。

この試みはつねにあった。なかでもルネサンスはその代表格だ。いやむしろ、この融合の努力こそがルネサンス文化の本質にほかならない。

ここでは、西洋世界に横たわるこの2つの底脈と、その両者の不思議な関係を覗《のぞ》いてみよう。そうして初めて、なぜ西洋で、女性性が邪悪なものとされたのか、そして西洋史を彩る「生」と「死」のイメージが、いかなる背景をもっているのかが明らかとなるだろう。

そのほかにも、本書でとりあげている西洋史の裏側の「なぜ」を解く多くの鍵が、この2つの底脈の、とくにその形成期を知ることで、おぼろげながら見えてくるはずだ。

神はなぜ、自らが創造した人間たちを"消去"してしまうのか——●世界中にある洪水伝説

「聞け、
船を造れ。
持ち物をあきらめ、おまえの命を求めよ。
すべての生きものの種子を船へ運び込め」（矢島文夫訳より略引用）

これは旧約聖書の「ノアの箱舟」の一節かと思われた方も多いと思うが、そうではない。これは『ギルガメシュ叙事詩』という、メソポタミアの神話の中の一節だ。粘土板に刻まれた楔形文《くさびがた》字によって伝えられる、バビロニア人たちの神々の雄大な英雄物語は、さらにその前のシュメール人（紀元前2000年頃にはほとんど終焉《しゅうえん》を迎えた、途方もなく古い歴史をもつ文明を築いた民族）の文明のなごりをうけた、現存する人類最古の物語のひとつとなっている（173ページの図「古代国家の変遷」を参照）。

お告げを受けた善良なウトナピシュティムは、いわれたとおり、忠実に船を造りはじめる。表面積は1イクー、高さは10ガルで。6枚の板で覆《おお》い、床面を9に分けよ。3シャルのアスファルトを注ぎ、1シャルの油を防水用に塗れ……神はこれでもかというほどに細かい。あまり知られ

ていないことだが、じつはノアが箱舟を造るときにも材質や寸法は細かく指示されている。いわく、ゴフェルの木を用いよ。内にも外にも防水用のタールを塗れ。船の長さを300アンマにし、幅を50、高さを30アンマにせよと指示は続き、あげくのはては、採光のための窓を設け、その高さは上から1アンマのところにせよ、とまであるのだ。神からの長々と続く細かな指示に、ノアはさぞかしうんざりしたことだろう。

旧約聖書では、嵐が過ぎた後、水面が下がってきて船は山の頂に座礁《ざしょう》し、ノアはまずカラスを放した。カラスは空を舞っただけで戻ってきた。それから7日後、今度は鳩《はと》を放ち、くわえて戻ってきたオリーブの枝によって水がひきはじめたことを知り、さらに7日待って放たれた鳩はもう戻ってはこなかった。いっぽうギルガメッシュ叙事詩では、洪水は7日続き、止《や》んでから7日待ってウトナピシュティムは鳩を、次いで燕《つばめ》を放す。どちらも空を舞っただけで戻ってきた。しかし、その後放たれたカラスは、二度と帰ってくることはなかった。

いずれの伝説でも、船の寸法などの指示まであることや、地面探索に鳥をつかうこと、順序こそ違えども鳥の種類もよく似ていること、また鳥が戻ってこないことで結果を知る経緯、さらには7日間という数字が頻出する点など、明らかに両者には多くの共通点がある。旧約聖書の成立も充分に古いものだが、明らかにメソポタミアの逸話を参照している。そしてそのもとには、中東地域で実際に起きたであろう大洪水の実話が、記憶として伝わるうちに、細部まで脚色されて

アントニオ・カラッチ、〈大洪水〉、1615年頃、パリ、ルーヴル美術館

いったとも考えられる。

◆ギリシャ神話にみる大洪水伝説

ギリシャ神話でも、青銅時代（神話の中で、人類の発達の4段階として仮想された時代区分のひとつ）の荒廃した人間世界に対し、ゼウスもさじを投げて大洪水を起こしている。やはり善良なるデウカリオーン夫婦だけを救い、あとは皆殺しという激烈さだ。箱舟が登場するところも同じだ。ほかにも、インドや中央アジア、東南アジアの神話などに、やはり同じような大洪水の伝説が伝えられている。

しかし、ギルガメッシュ叙事詩や、さらにそのもととなったとされるシュメール人の洪水伝説（ジウスドラ伝説）が全世界へ伝わったというよりは、各地で当然のように起きていた洪水が、さまざまな神話の中にそれぞれ別個に採《と》りこまれていった結果、それらがたまたまいくつかの似たストーリーになったのだろう。

ほとんどの神話において、人間は神々が創《つく》り出したものなのだから、それを神が虐殺するのは自分で自分の失敗を認めるようなものだ。大洪水はまさに神のリセットボタンにほかならず、神でさえ完璧ではないことを自ら認める行為といってよい。キリスト教では、あまりに失敗をくり返す出来の悪い旧約の神を、聖性を薄めた創造主デミウルゴスとして、いわゆる唯一絶対神ヤハウェとは区別する解釈さえあるほどだ。

しかしそれと同時に、こうした逸話からわかることは、私たち人間はまっとうに正しく生きないと裁きにあうという、モラル的指導としての神話の機能である。そしてここには、神の罰の実例として大洪水を挙げることで、天災を神の実在証明に利用していた構造がある。

神が創った最初の人間が「男」で、その後「女」が創られる不思議
――●人類創造神話の共通点

よく知られているように、アダムは土くれ（アダマ）から創られたのでこの名がある。このとき神は「自分の姿に似せて」造ったそうなので、絵画で神を男性の格好で描くのは理由のあることなのだ。ところがせっかく創り出してあげたのに、アダムがひとりでぽつんと寂しそうなので、神は女性を創ってあげることにした。このときはまだエヴァ（イヴ）という名はない。男（イシュ）

の一部から造られたのでイシャー(女)とよばれているだけだ。エヴァという名は楽園を追放されて後、アダムによってあたえられる。興味深いことにイスラム教バージョンでは、アダムは「あわてて」創られたので目覚めが悪く、立ち上がるときにフラフラと倒れたと『コーラン』には書かれている。

いっぽうギリシャ神話では、プロメテウスという神が最初の人間を創る。プロメテウスは「あらかじめ考える」の意、つまりは「賢者」そのもので、神話におけるスーパーヒーローだ。彼もやはり「自分たちに似せ」て「最初の男性」を「土」から造る。

神々が人類創造の材料として土を用いるのは世界的な傾向だ。前述した『ギルガメシュ叙事詩』でも創造神アルルは泥からエンキドゥを造るし、エジプトのクヌム神や、メラネシアのモタ神話の創造神クァトなど、土をこねて人間を造る逸話はいたるところで伝えられている。つまりは原始民族にとって「創造行為」といえば、それはすなわち「土器造り」にほかならず、この連想がそのまま人類創造の神話にも適用されたのは明らかだ。実際、マリのドゴン族の神話では、創造神アンマは太陽を創るとき、自らが土から造った壺《つぼ》に形を似せたとある。つまり滑稽《こっけい》なことに、太陽ができるより前から土器はすでにあったことになる。

◆男の〝肋骨〟から生まれる女

さて旧約聖書では、人類最初の女性は男性の肋骨《ろっこつ》から創られた。そのため、エヴァの創造場面はたいてい、寝ているアダムの脇腹からニュッと出てくる奇妙な姿で描かれる。不思議なことにクック諸島の神話などでも、わが子を脇腹から産む女神のエピソードがある。肋骨という、人体の中では数をかぞえやすいパーツがそう連想させるのだろうか。

この「男から女」という構図は、キリスト教の歴史の中で大きな要素となる。両性具有や錬金術、グノーシス主義といった思想背景とつながりやすく、次章で見るように、事実そうした体系の中へととりこまれて発展していった。

エヴァ(イヴ)の創造、『ケルンの聖書』1479年頃

また聖書や神話の多くで、「男の次に女」という順序で人類が創造されたことは興味深い。というのも原始宗教において、万物の創造神はむしろ女性キャラクターであることが多いからだ。このことは、生命を産み出すことが女性固有の能力だからして当然のことだ。にもかかわらず、最初の人類はたいてい男性であり、その付随的パートナーとして女性が後から創られた。しかも少なからぬ逸話の中で、次項で見るように、最初

の女性が人類に「死」をもたらした原因とされるケースも散見されるのだ。

●「原罪」のエピソードの深層
イヴ、パンドラ…なぜ「女性たち」は〝禁断〟の引き金を引くのか

神がエデンの園へと戻ってみると、いつもいるはずのアダムとエヴァの姿が見当たらない。呼んでみると、裸なので姿を見せるのは恥ずかしいなどという。これは、アダムたちが善悪の判断を身につけた結果だ。つまり、ここでの〝恥〟の意識は、人類が文明化した証《あかし》として機能しているのだ。

神は怒り狂う。アダムを問いつめると「女が食べろと差し出したからです」。ならばと女を問い詰めると、今度は「蛇《へび》のせいです」。さっそく、人類最初の〝責任転嫁《てんか》〟である。このエピソードでとりわけ重要なことは4つある。ひとつは、人間は知識によって他の動物とは異なる生きもの、すなわち文明的な存在となったとされること。次に、それまでそれは神の占有物とされ、人間は禁忌を破って入手したこと。第三に、人類は文明化した代償として、死ぬ存在となった点。さらには、タブーをおかすのは女性の役割とされていることだ。

ギリシャ神話ではどう描かれているか。プロメテウスは自らが創り出した人類を文明化するために、火を盗む。神々の占有物を人類にあたえた罪で、プロメテウスは岩につながれ、来る日も

来る日も肝臓をついばまれる刑に処される。さらにゼウスたちは人類最初の女性を創り、エピメテウスへの贈り物とした。「あとで考える」エピメテウスはプロメテウスの弟で、つまりは兄弟セットで〝賢者と愚者〟のアレゴリー(寓意)となっている。ゼウスからの贈り物には気をつけろという兄の戒めにもかかわらず、愚かな弟は美しい女を手に入れて有頂天だ。この女性こそ有名なパンドラであり、好奇心に負けて箱(あるいは壺・甕《かめ》)を開き、それまでなかった災いを地上にぶちまけてしまう。

ここでも聖書と神話が似た構図をもっていることにお気づきのことと思う。神話でも、人類は神の占有物を手にして文明化するが、その代償として、病や戦争すなわち〝死〟が人間へともたらされた。それも、そのひきがねをひくのは、ここでもやはり誘惑に負けた〝人類最初の女性〟なのだ。

〈エヴァ・プリマ・パンドラ〉という一枚の絵がある。ジャン・クーザンによって描かれた裸体の女性は、甕に手を置くことでパンドラを、そして原罪《げんざい》の林檎《りんご》を手にし、腕に蛇をからませることでエヴァ的要素をも示しているのだ。そして同時に、両者とも人類に死をもたらした存在であることを、肘《ひじ》の下にある頭蓋骨によって説明している。ここには、神話と聖書という異なる世界においても、これら人類最初の女性「たち」が果たした役割がいかに似ているか、ルネサンス当時の人々の目にも明らかだったことが示されている。いやむしろ、神仏習合よろしく、神話と聖

ジャン・クーザン(父)、〈エヴァ・プリマ・パンドラ〉、1550年頃、パリ、ルーヴル美術館

書を融合させようと試みたルネサンス文化にあって、両者のこうした原罪のエピソードこそ、格好のモデルケースだったことがわかる。

ところで、善悪の知識の木の実は、なぜこの絵のように林檎で描かれるのだろう。というのも、聖書には禁断の果実が林檎であるとはどこにも書かれていないからだ。ここにも聖書と神話の不思議な影響関係を見ることができる。というのも、ギリシャ神話のヘラクレスの英雄譚《たん》には、ヘラクレスが、ヘスペリデスの娘たちに見守られる黄金の林檎を手に入れる話があるからだ。そしてご丁寧《ていねい》にも、そのヘスペリデスの園で禁断の林檎の番をしているのは、ラドンという大蛇なのだ。エデンの園でエヴァをそそのかす役目も、蛇が果たしていたことを思い出していただきたい。

旧約聖書の中に新約聖書の予言を見出《みいだ》すことを「予型論」というが、さらにギリシャ神話やエジプト、メソポタミアの神話などを対象に同様の行為をすることを「拡大予型論」とよぼう。こうした作業によって、人類の精神活動の構造を、その最初期の頃にまでさかのぼって考察することができるのだ。

父の寝床に忍び込む娘たち

●「近親相姦」をめぐる聖書の不思議

キリスト教美術を女子大で講義していると、いつも「オエ〜」と気持ち悪がられる話がある。「ロトとその娘たち」のエピソードだ。話はこうだ。堕落したソドムの街(同性愛《ソドミー》の語源となった旧約世界の街)を、例によって神はリセットボタンを押して火を降らせて焼き払う。これまた例によって、善良なるロトの一家だけが救われる。しかし、後述するように妻を失い、老いたロトにはうら若き2人の娘だけが残された。このままでは子孫ができない。そこで一計を案じた姉は妹にいう。

「父も年老いてきました。このあたりには、男の人はいません。さあ、父にぶどう酒を飲ませ、床を共にし、父から子種をうけましょう」

娘たちはその夜、父にぶどう酒を飲ませ、姉がまず、父親のところへ入って寝た。父親は、娘が寝に来たのも立ち去ったのも気がつかなかった。あくる日、姉は妹に言った。

「わたしは夕べ父と寝ました。今晩も父にぶどう酒を飲ませて、あなたが行って父と床を共にし、父から子種をいただきましょう」

娘たちはその夜もまた、父親にぶどう酒を飲ませ、妹が父親のところへ行って寝た。父親は、娘が寝に来たのも立ち去ったのも気がつかなかった。(新共同訳より略引用)

ルーカス・ファン・レイデン、〈ロトと娘たち〉、1520年頃、パリ、ルーヴル美術館

なぜ聖書の中にこのようなエピソードがあるのか、よくわからないもののひとつとしてよく名が挙がる。というのも、近親相姦をなまなましく描写したストーリーでありながら、とくに彼ら一家が神によって罰せられるわけでもないからだ。ひとつ手がかりとなるのは、この2晩の出来事によって生まれた2人の子が、それぞれ2つの民族の祖

となる点だ。姉が産んだ男の子はモアブ人の祖となり、妹の息子のほうはアンモン人の父となる。

これら2つがいったいどのような民族だったかといえば、どちらもイスラエルの近隣民族である。モアブ人は死海の反対側に、アンモン人はガラテア湖の東に住んでいた。旧約聖書はユダヤ民族の歴史長編であり、その中の『士師記』に記述されているとおり、エフドやエフタのように、両民族と戦ったイスラエルの士師（＝指導者）は存在した。しかしこれら両民族は歴史全体を通じて、イスラエルとつねに敵対していたというわけでもなく、むしろ友好な関係にあったほうが長かったといってよい。もし彼らが完全な対立民族であれば説明は簡単なのだが、なぜ比較的友好的な民族の祖を、近親相姦でできた子供たちに置いたのだろう。なんとか理由らしきものを挙げるとすれば、近隣諸国よりも自分たちの民族のほうが出自が良い、と無意識に箔《はく》づけしようとしたものとしか考えられない。

◆〝男は悪くない〟

ロトと娘たちのエピソードでもうひとつ注目すべき点は、近親相姦を発案した主体が娘たちであって父ではないこと、加えて父親が行為に「気がつかない」ことだ。いくら酔っているからといって、性行為が可能な状態になりながら、その行為自体に気がつかない男などいるだろうか。しかも2晩続けて——このような「無理め」な状況もしかし、アダムがタブーをおかした際、やはりエヴァが主体であってアダムはただ受動的に参加しただけにすぎなかった構図と並べてみたならば、その理由も明らかだ。つまり、いつでも「男は悪くない」のだ。

それにしても、このエピソードが聖書の中でやや異質に感じられるのは、性のモラルに関してやたらと厳格な聖書にあって、近親相姦を明確に否定はしていないことによる。多神教の神話であるギリシャ神話も、エジプト神話やバァル神話（ユダヤ民族と対抗していたカナン人の宗教）も近親相姦でいっぱいだ。日本の島々や諸神を産んだ、イザナギとイザナミの夫婦も兄妹婚だ。

（伊耶那岐命《いざなぎのみこと》は妹の伊耶那美命《いざなみのみこと》に問う）「なが身はいかにか成れる」

（伊耶那美命が答えて言うに）「あが身は、成り成りて成り合はざる処一処あり」

（伊耶那岐命は言う）「あが身は、成り成りて成り余れる処一処あり。あが身の成り余れる処をもちて、なが身の成り合はざる処に刺し塞ぎて、国を生み成さむとおもふ。如何」

（イザナミ）「私の体には1か所足りない部分があってね」（イザナギ）「僕には余ってる部分があってね。2つを合わせてみようか」ともちかけるイザナギによるナンパは、なかなかにユーモラスだ。かように、多神教と近親相姦は切り離せない関係にある。聖書の敵であるはずのこうした多神教が、近親相姦であふれているにもかかわらず、ロトの一家は罰を受けない。

実際、この後キリスト教世界となったヨーロッパにおいても、教会の近親相姦に対するスタンスは一定せずに揺れていた。洗礼者ヨハネがヘロデ王を激しく攻撃したのは、その一家が近親相姦でできていたからだ。しかしいっぽうで、血脈を残すことを最大の義務であり美徳としていたユダヤ民族にとって、子をなす前に亡くなった兄弟が残した妻を、他の兄弟が娶《めと》ることは当然のことだった。しかし中世では、すでに述べたように、なんと7親等までの結婚が禁じられていた。これは、小さな村ならほとんどすべての住民が該当《がいとう》することを意味する。4親等までに緩和されたのは、ようやく13世紀になってからのことだ。

何か規定ができれば、もともとの用途以外への利用を考えつくのもまた人間だ。キリスト教社会では離婚は基本的に認められなかったが、この「X親等規定」を悪用して離婚を要求するのだ。これはヘンリー8世やルイ7世など、とくに王侯貴族の間で頻発した。規定にひっかかるケースでも、実際にはなんら問題にはされなかった。ただ、そろそろ妻にも飽きてきたのか、自分の妻が「残念ながら」この規定にひっかかっていることを、夫はある日突然「発見」するのだ。

「後ろを振り返ってはならぬ」の伝説が意味するもの――●「冥界」のタブーが象徴する〝生命の法則〟

ロトの一家は、ソドムの街をあとにした。城門を出たときは、ロトと妻と2人の娘の、4人組だった。主はいわれた。「命がけで逃れよ。後ろを振り返ってはいけない」。一家は一目散に逃げた。はるか後方では、ソドムの街へ、天から炎が降り注ぐ轟音《ごうおん》がなりやまない。ついに妻は誘惑に負けて「後ろを振り向いたので、塩の柱に」なってしまった――ここでも神は人間を試すようなタブーを設定している。エデンの禁断の果実よろしく、これだけは食べちゃだめだからね、とわざわざ好奇心を刺激するようなことをいうのだ。

同様の「振り返ってはならぬ」というタブーを、世界中の伝説に見出すことができる。そしてその多くが異界、なかでも冥界《めいかい》への旅の帰還において頻出する。ギリシャ神話ではオルフェウスが、亡くなった妻エウリュディケを迎えに冥界へと旅をする。冥界の王ハデスに許され、オルフェウスは妻の手をとって帰途につく。あと少しでまさに地上というときに、彼は「後ろを振り返ってはならぬ」という約束を忘れて振り返り、妻を永遠に失うのだ。

いっぽうデメテルの娘ペルセポネは、ハデスに見初《みそ》められ誘拐されて、冥界の王妃となる。デメテルは悲しみのあまりふさぎこんでしまった。とたんに世界中が困ってしまった。というのも、デメテルは豊穣《ほうじょう》の女神なので、全世界が凶作にみまわれたのだ。神々は娘を返すようハデスを説得し、彼もしぶしぶ承諾するが、すでにペルセポネは地上に帰る資格を失っていた。冥界の園のザクロを食べてしまっていたのだ。けっきょく、1年の3分の1だけ冥界にとどまることで決着がついた。こうして、ギリシャの人々は、一年のうちに作物のできない時期があり、季節の移りかわりがある不思議を説明したのだ。

◆逃げるイザナギ、追うイザナミ

わが国の『古事記』では、イザナミはイザナギと結ばれてから次々と日本国土や神々を出産する。しかしカグツチ（火の神）を産む際、イザナミは「みほと灸かれて」（陰部を焼かれて）死んでしまう。イザナギは嘆き悲しみ、子であるカグツチの首を怒りのあまり斬《き》り落としてしまう。イザナギは妻会いたさに黄泉《よみ》の国を訪れる。ここでもやはり、「冥界からの帰還」の途上で、夫は「後ろを振り返って」しまう。日本の神道《しんとう》はあいかわらずユーモラスで、夫は腐敗して蛆《うじ》がわく妻の変わり果てた顔を見て一目散に逃げ出してしまう。妻は激昂《げっこう》して叫ぶ。「なが国の人草、一日に千頭絞り殺さむ」。それに対する夫の捨て台詞《ぜりふ》は、「なれしかせば、あれ一日に千五百の産屋立てむ」（「おまえの子を1日に1000人殺してやる」「なら1500人産むもんね」）。つまりここでは、人が死に、そして新たな命が誕生し、人口が増えていく仕組みが説明されているのだ。

興味深いことに、イザナギが迎えにきたとき、イザナミはいったん、「遅すぎるよ！」と残念がっている。というのも、彼女はすでに「黄泉つ戸喫しつ」、つまり〝冥界の食べものを口に入れてしまっていた〟からだ。洋の東西の、この構図の類似はみごとなほどだ。食べるという行為は生命維持行為そのものであり、必然的にその世界に「属すること」を意味するのだ。

人類にとって死は最大の恐怖であり、かつ最大の関心事だった。死後の世界について妄想をかきたてられたのも当然のことだ。しかしつまるところ、死者の国は絶対に覗《のぞ》くことのできぬ聖域であり、私たちの世界とは断絶している不可侵の場所なのだ。だからこそ、異界に行けば、ただではすまない。すんなりと帰ることはできない。浦島太郎の伝説なども、これと同じ文脈上にある。

そして死によってこそ新たな命が生み出されることも、同時に説明されている。エジプト神話で、バラバラにされたオシリスの遺骸《いがい》から植物が生えるのも、冥界探訪の話で鍵となるのが必ず食物であることもそのためだ。シュメール人による、イナンナ神の冥界下りの物語でも、冥界では食べものや水を飲んではならぬという話が出てくる。イナンナはイシュタルやアシュタロテといった、その後の中東地域における豊穣の女神の原型ともなった太古のキャラクターだ。それならば、そうした先行例から影響を受けて成立した、ユダヤ系やギリシャ系の神話や伝説に、上記のような類似構図が頻出することも当然のように思われる。一部地域にあった国王による「儀礼的な死」（即位時に一度死ぬまねをして、新たな王として生まれかわる）といった、いっけん奇妙に思える文化現象も、死は次の命を生み、そして糧《かて》となる穀物をもたらすという、なるほど人類にとって根本的で不可欠な構造から生み出されたのだ。

なぜ薔薇にはトゲがあり、その花びらは赤いのか

●神話と聖書をつなぐ「血と再生」の思想

キリスト教絵画に、「薔薇垣《ばらがき》の聖母（薔薇園の聖母）」という主題がある。薔薇のつたがびっしりとからまる生け垣の前に、聖母子がたたずんでいる図像だ。それはなぜか——薔薇は赤く、おまけに棘《とげ》があるからだ。薔薇のような美しい花に、なぜわざわざ茨《いばら》がついているのか。昔の人も、

やはり不思議に思ったようだ。

ならば、納得できるような理由を考えなければならない。こうして、薔薇にはもともと棘などなく、人類が原罪を負った瞬間から茨をもつようになった。それまでは白でしかなかった薔薇の花びらの色も、それ以来赤くなった、と説明された。もちろん、赤は原罪で死ぬ運命となったことをあらわす血の色であり、さらには、その原罪をひとりでかぶって贖罪《しょくざい》するキリストが流すことになる血の色でもあるのだ。

このように聖書や神話には、人々が抱く疑問に回答をあたえるという重要な機能がある。すべてのことに理由を挙げては説明し、人々を納得させ、ひいては自らに対する信仰心を育てるのだ。

ギリシャ神話では、薔薇の赤い色はどのように説明されたか——愛と美の女神アフロディテに、アドニスという片思いの人間がいた。しかしまだ若く、恋愛よりも仲間たちとのつきあいのほうが楽しい美少年アドニスは、この世で最も美しい女神からの求愛にもつれなかった。ある日、アドニスは仲間たちと狩りに出かけた。よせばいいのに、やさ男のアドニスは果敢に猪に挑み、案《あん》の定《じょう》胸を突かれて重傷を負う。そのうめき声を耳にしたアフロディテは、愛する人のもとへと駆けつける。しかし、時すでに遅く、息絶えていた美しい若者を、神々はアネモネとして転生させる。このとき、森の中を急ぐアフロディテは薔薇の棘を踏んでしまい、それまで白色の花しかなかった薔薇は、アフロディテが足の裏から流す血によって赤く染まったという。

セバスティアーノ・デル・ピオンボ、〈アフロディテと死せるアドニス〉、
1512年頃、フィレンツェ、ウフィツィ美術館

キリスト教とギリシャ神話における「薔薇の赤」の説明は、とてもよく似ている。薔薇には茨があるせいで人々も怪我《けが》をしやすく、そして流れる血の色が薔薇と同じ赤色だからという、ごく単純な理由もあっただろう。しかし、この両者の類似構造はそのレベルにとどまらない。

◆アドニスは"英雄神"だった

アドニスはギリシャ神話の中では、ただの人間の美少年にすぎず、神でさえない。しかし、そのキャラクターがどこからきたかといえば、古くメソポタミア地方の神話にその由来をもつ。しかも、サブキャラクターなどではない。最古のシュメール人（紀元前2000年頃まで活動）にとっては、イナンナ女神とならぶ男神ドゥムジが、そしてアッカド語などのセム系古民族（紀元前2000年には繁栄開始）にとっては女神イシュタルの相方である男神タンムズが、アドニスの原型なのだ。弱々しい美少年どころではない。偉大な女神たちのパートナーをつとめる堂々たる英雄神だ。

シュメール人の神々は、さらにカナン人たちの神々へとひきつがれる。すなわち、男神バァルとその妹で妻のアナトだ。後者は女神アシュタロテという別の位格をもち、このバァルとアシュタロテもまた（タンムズとイシュタルとともに）、ギリシャ神話のアドニスとアフロディテのモデルになったと考えられている。実際、ギリシャ神話の中でアドニスは、キプロスの王とその実の娘の間に生まれたという出自をもつ。キプロス島はギリシャ圏からみて東方に位置するので、明らかにアドニスが東方由来のキャラクターであることをうけている。また、アドニスが王と実の娘との間にできた子という設定は、バァルとアナトの兄妹婚に由来する、近親相姦関係をも反映しているのだろう。

さらにアドニスは、ほぼ確実に、セム系語族にとっての「主」を意味する「アドナイ」をその名のもととしている。また研究者によっては、ギリシャ神話でアネモネがアドニスの化身とされたのは、タンムズ崇拝が残ったレバノン地方で、実際にアネモネが多く咲くせいだとする意見もある。

なお重要なことは、美と愛の女神にすぎないアフロディテに比して、イナンナやイシュタルは豊穣の女神でもある点だ。すでに述べたように、穀物などが芽吹くためには「死」が欠かせない

各神話のキャラクターの相関図

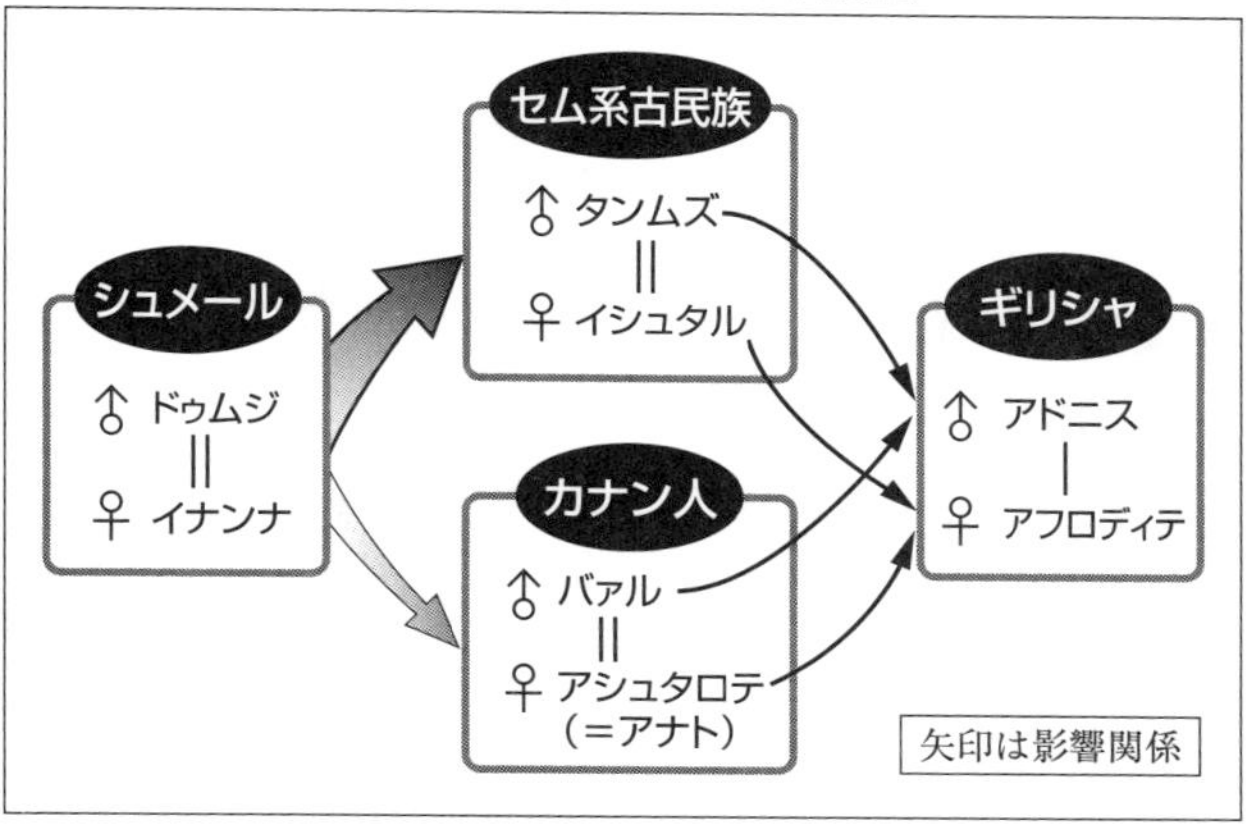
セム系古民族
♂ タンムズ
‖
♀ イシュタル
シュメール
♂ ドゥムジ
‖
♀ イナンナ
カナン人
♂ バアル
‖
♀ アシュタロテ
（＝アナト）
ギリシャ
♂ アドニス
|
♀ アフロディテ
矢印は影響関係

古代国家の変遷（概図）

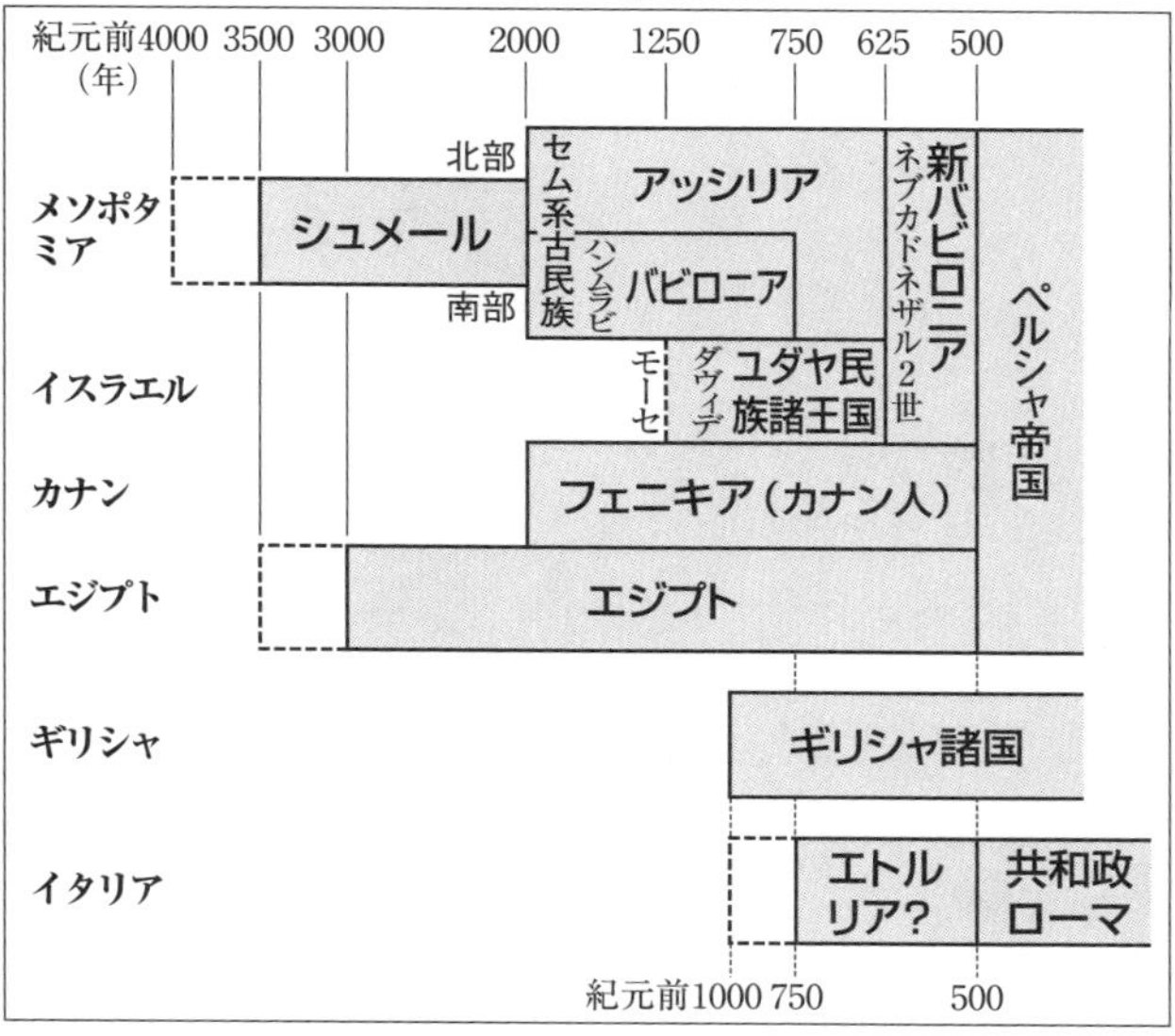
紀元前4000
（年）
3500
3000
2000
1250
750
625
500
メソポタミア
イスラエル
カナン
エジプト
ギリシャ
イタリア
北部
南部
シュメール
セム系古民族
アッシリア
ハンムラビ
バビロニア
モーセ
ダヴィデ
ユダヤ民族諸王国
新バビロニア
ネブカドネザル2世
ペルシャ帝国
フェニキア（カナン人）
エジプト
ギリシャ諸国
エトルリア？
共和政ローマ
紀元前1000
750
500

とする古来からの発想がある。だからこそ、豊穣の女神と男神の死が、セットで扱われているのだろう。そしてだからこそ、死して犠牲となった血の赤色をしているアネモネへと転生するのだ。

この構造が、神話と聖書をもののみごとにつないでいる。よく知られているように、『ヨハネの福音書』でイエスは自らを「一粒の麦」にたとえ、そしてそれはそのまま生き続けるかぎり「一粒の麦」のままでしかないが、もしその麦が地面に落ちて「死ぬ」ならば、そこから「豊かな実がなる」とするたとえ話をする。もちろん、自らに訪れる受難を暗示した喩《たと》えだ。しかし、ここに太古からの穀物と死の輪廻《りんね》、「死と再生」の構図を読み取ることも、あながち間違いではないだろう。

5章——キリスト教が歩んだ凄惨な歴史といくたの「伝説」の謎

●ユダヤ人迫害、マリア信仰、聖杯伝説…西洋の〝心の歴史〟を掘り起こす——

キリスト教がヨーロッパにもたらされたのは、イエスの処刑からさほど時間がたっていない頃だとされる。多神教を信じていた人々の目には、一神教をかかげるこの新興宗教はさぞかし奇妙なものに映ったに違いない。激しい迫害から逃れるように彼らは文字どおり地下に潜り、広大な地下迷宮を掘りあげた。人々は人の目を盗んで地下で集《つど》い、そこで一生を終えた。しかし、いつしかキリスト教は多神教に勝利し、信仰はそのままゲルマン民族諸国家に引き継がれた。この時代は、ルネサンスが到来するまで続くことになった。

この「中世」の1000年間は、その後「暗黒の千年間」とよばれていたことはすでに見た。知的な活動はほとんどなく、ただただ抑圧された退屈な日々が続くだけというイメージだ。しかし同時に、「至福千年」とよばれることもある。ただ単なる懐古趣味からだけでなく、この比較的安定した時代に、じつは経済活動や文化活動も多くなされていたのだとする、歴史学の成果を踏まえた見方による呼び名だ。

この相矛盾《あいむじゅん》するイメージが共存するキリスト教1000年間とは、実際にはどのようなものだったのか。第3章ですでに、私たちは中世の人々の暮らしの一端を見た。この章では、キリスト教世界を理解するための助けとなる、精神活動に関わるいくつかの要素をさらに見ていく。単に聖書を読むだけではわからない、その裏にあるものを理解するために。

●「殉教者」が果たした役割

キリスト教徒たちはなぜ、大迫害に対し〝無抵抗〟を貫いたのか

「マトゥロスとサンクトゥスは、円形競技場において、再びあらゆる責苦をくぐり抜けることになった(…)。彼らは鉄の椅子《いす》に座らされ、その椅子の下から火責めにされたので、彼らの肉の焼けるにおいがあたりにただよった。観衆は、しかしながら、これでもまだ満足せず(…)なお一層興奮して正常な判断力を失ったが、それでもなお、サンクトゥスの口からは当初より変わらぬ信仰告白のことばしか聞けなかった。(…)ブランディナは、磔木に吊るされ、彼女に向かってけしかけられた野獣の餌食《えじき》となるべく放置された」(『殉教者行伝』、土岐正策ほか訳)

キリスト教も、その登場時には当然ながら新興宗教だった。この新宗教は信者を急速に増やしながら、当時の地中海世界をすっぽりとその版図《はんと》におさめていたローマ帝国内で少しずつ広まっていった。もちろん今の日本と違って無宗教の者などいるわけもなく、信者を増やすということはすなわち、布教によってそれまでの多神教の信仰を捨てさせることを意味した。とくに帝国のおひざもとのローマでは、それは多神教文化への一神教の侵入としてだけでなく、国家体制を揺るがしかねない挑戦として映った。

大迫害が始まった。それは政策として選択されたので、最初にキリスト教がローマに入ってき

たときにはそれほどでもなかった攻撃が急に強められた。布教をしている者は端から捕らえられた。コミュニティーは安全を期して地下へと潜った。こうして初期の布教段階で、キリスト教徒はかなりの犠牲者を出した。ネロ帝による大虐殺などは、後にキリスト教の世になって以後の脚色や誇張がたとえなかったとしても、充分に激しいものだったろう。おまけにローマ市民たちは、闘技場での剣闘士たちの殺し合いを娯楽として観ることに慣れていた。

しかし、帝国の読みが外れたことがひとつあった。それは、彼ら殉教者《じゅんきょうしゃ》たちが、殺される際に抵抗しないことがしばしばあったことだ。おそらく血のショーを楽しんだ見物客の中には、家に帰るときに後味《あとあじ》の悪さを覚える者も、いくらかはいたはずだ。

「死に際しての無抵抗」は、殉教者たちを英雄視し、ことさらに彼らの死にざまを立派にしようと、後世に加えられた脚色だけとは思えない。なぜなら、キリスト教と他のほとんどすべての宗教との大きな違いのひとつは、そのはじまりとなったキリスト自身が刑死した点にあるからだ。その贖罪《しょくざい》の死と復活を、そして死後の救済と天国の存在を信じることによって、血も凍るような殺害が自らに加えられる直前の瞬間にも、信者たちはそれまでローマ市民たちが見たことのない態度を示すことが少なからずあったのだろう。長く続いた激烈な大迫害と、その間の信者の増え方から考えても、後世の美化として片づけることのできない何かがあったに違いない。もしそうだったならば、迫害が激しければ激しいだけ、そして殺し方が残酷であればあるほど、帝国の本来の狙いとは逆の効果が生じたことは想像に難《かた》くない。

◆「聖人」となった殉教者たち

カトリック教会には、ある人を聖人にするかどうかを決める「列聖」審査というものがあるが、その際、基本的にはその人が「殉教者」であるか、あるいは「奇跡をおこした者」と認められれば、すんなり聖人となる。彼らにとって、殉教者がいかに大事な存在であるかがわかる。布教によってこそキリストの教えは広まったのであり、その際に犠牲とならざるをえなかった殉教者たちは、教会の石や柱となったとみなされたのだ。

そのため、聖人には殉教者が多い。彼らへの崇拝を称揚するためにも、彼らを主題とする絵画が多く描かれた。そこには、彼らがどのように殉教したかを示すために、たいてい、彼らを苦しめたり死に至らしめた器具も一緒に描かれている。これらをアトリビュート（持物）とよぶ。たとえば、石撃《う》ちで殺されたので、聖ステファヌスの頭部には石があたっている。歯を1本ずつ折って抜かれる拷問《ごうもん》を受けた聖アポロニアは、抜歯用の鉗子《かんし》を手に持っている。アレキサンドリアの聖カタリナの背後に描かれるのは、彼女を引き裂いた車刑で使われた車輪だ。面白いことに、これらの聖人は、おのおののアトリビュートを用いる職業の守護聖人ともなっている。前述の三聖人はそれぞれ、石工、歯科医、粉挽《ひ》き屋の守護聖人というわけだ。

こうして絵画を観ていくと、それぞれの聖人の殉教の仕方がわかる。聖ペテロは逆さ十字にか

スルバラン〈聖アガタ〉、1630〜33年、モンペリエ、ファーブル美術館

けられ、聖トマスは槍《やり》で突かれ、殉教者聖ペテロ（使徒の聖ペテロとは別人）は頭を斧《おの》で割られた。皮剥《は》ぎの刑に処せられた聖バルトロメイは、おぞましくも自分の皮を手にしている。聖アガタは両の乳房を切り取られ、聖チェチリアは釜《かま》ゆでにされ、聖エラスムスは腹を裂かれて腸を引っ張り出された。体中に矢が刺さっているのは聖セバスティアヌスで、自らの眼球を載せた皿を持つのは聖ルチア（目を抉《えぐ》ったのは本人だが）、自分の首を持って歩いているのは聖ドニ、そして体につながれた石臼《いしうす》もろとも川へ落とされているのは聖フロリアヌスだ。

　こうして殉教者たちは民衆の尊敬を集め、愛された。そこに多神教的崇拝形態のなごりを見ることは正しい。さまざまに伝えられていた諸聖人の逸話は『黄金伝説』にまとめられ、中世ヨーロッパを代表するベストセラーとなった。プロテスタントが分岐《ぶんき》して聖人への信仰を否定してからは、カトリック世界ではその対抗上、なおいっそう聖人称揚をおしすすめた。その後も全聖人の伝記を詳細に記す『Acta Sanctorum』（アクタ・サンクトールム）の大プロジェクトがイエズス会によって開始され、現在に至るまで続けられている。

ユダヤ人が手にしたパンはほんとうに〝血を流した〟か

●ユダヤ人を迫害するキリスト教徒の〝矛盾〟

筆者が留学していたボローニャには、街のシンボルともなっている2本の斜塔がある。そのうち低いほうはかなり傾いていて、あまりに傾きが激しいので安全のために上から3分の1ほどを切り取られている。真下から見上げると、頭上へせりだしてくるような、迫力ある眺めを見ることができる。もう1本の高いほうは100メートル近い高さがあり、ふうふういいながら階段を上っていくと、てっぺんは展望台になっている。そこから、なるほど「赤い街」とよばれるだけの、家々の赤茶色の屋根の連なりを眺めたり、はるか彼方《かなた》の丘に見えるサン・ルーカ教会を確認したりしたあとで、塔の北側のすぐ下あたりを注意深く眺めると、その地域だけ、妙に道が細く曲がっていて、入り組んでいることがわかる。そこがかつてのユダヤ人居住区、いわゆる「ゲットー」だ。実際にそのあたりを歩くと、城門のようなものがあり、その区域だけを他から切り離せるようになっていることがわかる。もちろん今ではその区域とそれ以外とになんら区別はないが、かつては明確に区別されていた。ヨーロッパのたいていの大きな町に、こうしたゲットーのなごりを見ることができる。

ちなみにゲットーとは「鋳造《ちゅうぞう》」を意味するイタリア語ジェット（getto）からきている。これはヴェネツィアが、ヨーロッパで最初のユダヤ人特定居住区を1516年に設けた際、そこがたまたま大砲鋳造所跡地だったことに由来する（現在この地域は、〝ジュデッカ Giudecca〟の名でよばれている）。

◆ユダヤ人迫害の歴史

ユダヤ人がなぜ特別視されていたかについては、わざわざ説明する必要もないだろう。キリストを捕らえ、磔《はりつけ》にした張本人とされたからだ。異質の新興宗教としてイスラエルの地を追われたキリスト教は、ヨーロッパに王国を築く。いっぽう、その後イスラム勢力によってイスラエルを追い出されたユダヤ民族は、祖国を失い、放浪の民として諸国に分かれて住むしかなかった。そこから長い長い迫害の歴史が始まった。

もっとも、イスラム教国の都市には、比較的異教徒（つまりユダヤ教やキリスト教）の居住に寛大な時期があった。中東地域のイスラム諸都市、およびヨーロッパからエルサレムへ向かう道中にある都市に住んでいたユダヤ教徒を迫害したのは、むしろ十字軍として殺到したキリスト教徒だった。

ここにも、魔女裁判で見たものと同じような構造がある。ユダヤ人への迫害が激しさを増した時期を振り返ってみれば、なにかしらの脅威がヨーロッパを襲っている時期に顕著《けんちょ》であることが浮かび上がってくるのだ。十字軍のときには、もちろんイスラム勢力の伸張が直接的な脅威となっていた。11世紀末の第1回十字軍は聖地奪還の初期目標を一時的に達成したが、先述したとおり、まともな軍隊組織ではなく、手に手に武器をつかんだだけの狂信的な群衆だった。彼らにとって、聖地を現在占領している直接の敵がイスラム教徒だろうが何だろうが、異教徒にかわりはなかった。おまけにユダヤ人は組織的な抵抗もしなかった。群衆はついでに彼らのお金も、旅費代わりにとっていった。

1348年から翌年にかけて大迫害がなされたことも象徴的だ。ヨーロッパでペストが最初に大流行した時期だからだ。ヨーロッパがかつて体験したことのないこの圧倒的な未知の脅威に対して、罹患《りかん》者に次いで犠牲者となったのがユダヤ人だった。彼らが井戸に毒を入れたのだと（物乞いの項でも似た話があったはずだ）どこからともなく噂《うわさ》が流された。各地でこうした悲劇が続いた。1336年にはその名も「ユダヤ人殲滅《せんめつ》団」が南ドイツ一帯を荒らしまわった。

◆血を流す「聖体」

ウルビーノにある国立マルケ美術館に、〈聖餅《せいへい》の奇跡〉と題された絵画作品が残されている。描いたのはパオロ・ウッチェロ（傭兵隊長の絵の作者としてすでに述べた、フィレンツェなどで活躍した画家）で、遠近法の発展に寄与したルネサンス第二世代の大家だ。横長の板に、6つの場面が連作で描かれている。ストーリーは以下のようなものだ。

パオロ・ウッチェロ、〈聖餅の奇跡〉、1465〜69年、ウルビーノ、国立マルケ美術館。6場面のうちの第2場面：ユダヤ人一家が聖餅を焼くと、血が出て外まで流れ出し、ドアの外ではキリスト教徒たちが押し入ろうとしている

一人の女性が、教会で聖体拝領として与えられたパンを、こっそりユダヤ人がやっている店に持って行って売ってしまう。家に戻ったユダヤ人家族は、そのパンを一家で食べようとする。ところがフライパンで焼き始めると、そのパンから血が流れ出し、床を流れてドアから外まで流れ出る。異変に気がついた市民たちは、そのユダヤ人一家と、パンを売って金に換えた女性を捕らえる。女性は絞首刑に処せられ、一家は揃って生きながら火あぶりの刑となる。

そんなバカな、と思われるだろうが、1243年にベルリン近郊でこうした内容の事件が〝実際に〟起き（たと信じられ）て以来、全欧州で似たような事件がときおり続いたのだ。ミサで使うパン（聖餅）はキリストの肉の化体《けたい》であり、聖体なのだ。この聖体にユダヤ教徒のナイフが刺さると、血を流すという迷信があった。〈聖餅の奇跡〉は明らかにこうした迷信をまともに採用している。

どうやら、イエス本人やその使徒たちもユダヤ人だったことを、ヨーロッパはいつの間にか忘れてしまったようだ。そしてキリスト教そのものも、そのユダヤ教から派生してできたことにも頓《とん》着《ちゃく》しなかったようだ。

◆ユダヤ人への理不尽なイメージ

ユダヤ人に対して固定化されたイメージは根強い。ユダヤ人は金持ちだ。彼らはキリスト教徒が禁じられている高利貸しをできるからだ――そう攻撃する人々は、旧約聖書はユダヤ教徒にとっても聖典であることを忘れている。モーセが言い渡された契約の書には、高利貸しはダメだとちゃんと書いてある。彼らが中世ヨーロッパで裕福に見えたのは、むしろその頃、海外貿易をになうことのできた唯一の民族だったからだ。

もっとひどいイメージもある。ユダヤ人は子供を殺し、その血をすすり、肉を喰《く》らう――このバカげた妄想はしかし、長い間ユダヤ人を苦しめた。おかげで、今でも過越《すぎこ》しの祭（ユダヤ教の重要な宗教行事）で白ワインしか口にしないユダヤ家庭がある。血のイメージとの結びつきを避けようとした長年の防衛策のなごりだ。

しかしなお根が深いのは、子殺しの嫌疑《けんぎ》は、キリスト教の迫害時代に彼ら自身が、多数派だった多神教信徒たちからそう攻撃された理由のひとつだったことだ。自分たちがかつてされたことを、知らず知らず、自分たちも他人に対してしていたのだ。

●子殺しと、死者を再生させる「料理」伝説

幼いわが子を〝料理〟する狂気の母の物語

ヴィセンテ・フェレルという聖人が、弟子をつれて旅をしていた。ある日、そろそろ暗くなってきたので、一行はその夜の宿を近くの民家にもとめた。その家には、若い夫婦と、幼い子供がいた。夫は光栄に感じて一行に部屋を提供し、妻に夕食を用意させた。準備ができたと言われて席についた一行と夫の前に、皿が運ばれてきた。夫はわが目を疑った。そこには、真っ二つにされたわが子が盛りつけられていた。ご丁寧に、上半身は煮られ、下半身は焼かれていた。夫に泣きつかれたヴィセンテ・フェレルは、料理されたあわれな子供を祭壇にささげ、一晩中祈り続けた。奇跡が起きた。翌朝、夫の前に、聖人に手をひかれたわが子が姿をあらわしたのだ。

これは、「嬰児《えいじ》復活の奇跡」として伝えられる物語だ。ヴィセンテ・フェレルはラテン語でウィンケンティウス・フェレリウス、同聖人の人気がとくに高かったイタリアではヴィンチェンツォ・フェレールの名でよばれる、れっきとした実在の人物で、１３５０年頃に生まれたドミニコ会修道士だ。

数多くの奇跡のエピソードが伝えられる聖人だが、なかでもこの奇跡はショッキングな内容の

せいか、いくつかの壁画や板絵に描かれて今に伝えられている。もちろん生きている間に聖人となったわけではなく、死後に列聖されたので、「狂気の母」の家に泊まったときには正確にはただの修道士にすぎない。殉教者でないかぎり、列聖されるには奇跡をおこなったことが認められなければならず、そのため列聖審査にかけられる人に対して、そのつど急いで奇跡のエピソードが集められた。その中には民間伝承を脚色したものが少なくなく、筆者はこれもそうしたもののひとつだと考えている。なぜこの奇跡が、なぜこのタイミングで、この聖人の逸話として採用されたのかについては、拙説を美術史の学会にこれから問うところなのでここでは言及しないが、こうした「狂気の母」の系譜が西洋世界にあることだけでも簡単にここでご紹介しておこう。

〝狂気の母〟(手前でわが子を切断し、奥で料理している)、エッツリ兄弟の工房〈嬰児復活の奇跡〉(部分)、1460年代か70年代、ウィーン、美術史美術館

◆「わが子を殺す母」の系譜

わが子を殺す母という話は、古くメディアの話にも見ることができる。メディアは、ギリシャ神話の中でも最も古い起源をもつ伝承群のひとつである「アルゴナウタ

の物語」に登場するキャラクターだ。英雄イアソンと恋に落ちて子供をもうけるが、恋人に里心が湧《わ》いて捨てられたとたん、逆上してわが子を刃《やいば》にかける。この激しい女は実の弟もこの後バラバラにしていたりと、およそ恐ろしい女性のイメージに合致するたいていのことをこなす。古《いにしえ》の女神リリス(リリト)と並んで、魔女のイメージの源泉となったといわれる所以《ゆえん》だ。

バラバラにするという点では、ディオニュソス神話の狂乱の女たち(マイナデス)の話にも共通点がある。彼女たちは祭儀の間じゅう、一種のトランス状態におちいって人間を八つ裂きにする。

そして「狂気の母」が煮たり焼いたりすることも注目に値する。というのも、それが「死と再生」のサイクルに頻出する要素だからだ。たとえば、ケルト神話にいくつか「奇跡の大鍋」とよばれる伝説がある。その中には食べ物でいつもいっぱいの「豊穣の大鍋」などもあるが、注目したいのは「再生の大鍋」だ。ケルトの軍の最後尾に大鍋隊がいて、その鍋専用の係として巨人がひとりついている。巨人は、戦いで亡くなったり傷ついた兵士を、ひとりずつ拾っては鍋に投げ込んでいく。すると中から兵士が生き返って現れ、また戦場へと戻っていくというものだ。

死者を鍋に入れて、復活させる。このわざは、先述したメディアも得意としたところだ。彼女が持っていた特殊能力のひとつは、羊などの生贄《いけにえ》を殺害した後に、鍋で煮てまた復活させるというものだ。ほかにもいくつか同じ構図のものがあるが、ここで重要なのは、それらが古代の生贄の儀式や、輪廻転生《りんねてんしょう》の概念にその起源をもつ点だ。その点では、鍋は聖杯《せいはい》伝説などとも密接な関連性をもっている。この点については聖杯伝説の項で述べることにしよう。

料理として供《きょう》するという点では、カニバリズムの風習からの影響も無視できないだろう。そうした風習を攻撃するついでに、それらが異教徒を攻撃する際の決まり文句ともなっていった。子供を殺して食べたり血をすすったり、といった話は初期キリスト教徒の迫害やユダヤ教徒、魔女狩りなどでもお馴染《なじ》みのものだ。魔女裁判の指導書で有名なジャン・ボダンなども、魔女の罪状として嬰児《えいじ》殺しをはっきりと挙げている。

こうした、「子殺し」の系譜と、死んだものを生き返らせる死者再生の秘儀としての「料理」といった伝説が、狂気の母による「嬰児復活の奇跡」の逸話の起源となったのだろう。

一介の平凡な母親マリアはいつから〝聖母〟になったのか

●多神教の影響とカトリック教会の〝迷い〟

イエスは母に言われた。「婦人よ、わたしとどんなかかわりがあるのです」（『ルカの福音書』2章4節。新共同訳、以下同様）

新約聖書には、マリアに関する記述は多くない。あってもたいてい、イエスはマリアに対してつっけんどんだ。あるとき、群衆に向かって説教をしていると、ひとりの女がいう。

「なんと幸いなことでしょう、あなたを宿した胎、あなたが吸った乳房は」。しかし、イエス

は言われた。「むしろ、幸いなのは神の言葉を聞き、それを守る人である」(同11章27節)

あなたのような立派な息子をもったマリアは幸せね、と女はいっているだけなのだが、イエスにとっては血のつながりなどどうでもよいらしい。信仰による、神と個人とのつながりだけが重要だ。このように、新約聖書で描かれるマリアは、イエスにとっての「地上での母」以上の存在ではない。加えて新約聖書の中には、マリアが処女だったのはイエスを産むまでで、それ以降は普通にヨセフと子供をもうけたことがわかる記述がある。

イエスの母と兄弟たちが来て外に立ち、人をやってイエスを呼ばせた。(…)「母上と兄弟姉妹がたが外であなたを捜しておられます」と知らされると、イエスは、「わたしの母、わたしの兄弟とはだれか。(…)神の御心を行う人こそ、わたしの兄弟、姉妹、また母なのだ」(『マルコの福音書』3章31-35節)

その兄弟たちの名前までわかっている。当時のならいとして、女性たちに名はない。イエスの力を目にして、いったいどこでそのような力を手にしたのかと人々が驚いている場面だ。

「この人は大工の息子ではないか。母親はマリアといい、兄弟はヤコブ、ヨセフ、シモン、ユダではないか。姉妹たちは皆、我々と一緒に住んでいるではないか(引用注:つまりイエスの家族は、村の人々と一緒にごく普通に暮らしているという意)」(『マタイの福音書』13章55-56節)

こうした「ただの平凡な母」にすぎないマリアが、キリスト教でのいわば公式な解釈だったのだが、しかしいっぽうで、同様に古くから、マリア本人に聖性を認めようとする傾向もあった。新約聖書の正典として採用された福音書ではなく、典外書の扱いとなった福音書群だ。なかでも『ヤコブの原福音書』は、マリアに「生涯処女」と「無原罪性」の根拠をあたえた。原福音書（プロト・エヴァンゲリオン）は、他の福音書に先行する物語という意味であり、つまりは正典四福音書が描く「受胎告知」あるいは「すでに誕生しているイエス」に先んじる、その前の段階、「イエスの誕生前」の物語という意味だ。成立時期は相当に古く、正典四福音書に準じる古さをほこる（211ページの図参照）。

『ヤコブの原福音書』では、マリアの母アンナが、夫ヨアキムと長年暮らして子宝に恵まれず、嘆いているところを神の意思によってマリアを懐胎《かいたい》する。イエスにとどまらず、すでにその母マリアからして生誕は神のご意思によるものだとするこのエピソードは、後のマリアの無原罪性の最大の根拠となっていく。

◆〝永遠の処女〟とされたマリア

マリアの処女性に対する補強もなされている。マリアがイエスを産んだ際、立ち会った女サロメは、「処女が自然では考えられないお産をした」と産婆がいっているのを聞くが、サロメは処女懐胎を信じない（洗礼者ヨハネの首を斬らせるサロメとは別人）。

「私の指を差し込んで彼女の状態を調べてみなくては、私は処女がお産をしたことは信じません」(…)それからサロメはその指を差し込んで彼女の状態を調べ、大声で叫んで言いました。「(…)ほうら、私の手は火で焼かれてとれてゆく」(『ヤコブ原福音書』19章3節〜20章1節。八木誠一訳)

ずいぶんとなまなましい場面だが、この女性はちゃんとこのあと後悔して謝るので、手はもとどおりになる。マリアの処女懐胎を疑うな、畏《おそ》れおおいぞ、という話なわけだ。ここではマリアの処女性がやたらと強調されるのだが、ではこのあとヨセフとつくることになる、イエスの兄弟姉妹たちのことはどうなるのかといえば、ちゃんとそれに対する説明もなされている。そこではヨセフは妻を亡くした〝男やもめ〟として出てくるのだ。主はおまえをマリアのパートナーとして選ばれたぞ、と告げられてヨセフはとまどう。

「私にはもう息子達がありますし、年もとっております。この子は少女です(…)」(同9章2節)

おわかりだろうか。正典福音書に登場する「イエスの兄弟姉妹たち」は、「ヨセフの先妻が残した子供たち」として説明されているのだ。これならば、マリアは生涯処女でいられる——こうして、マリアは永遠の処女となることができたのだ。正典福音書が編纂《へんさん》されたのとほとんど変わらぬ時期に、すでにマリアに聖性をあたえようとした運動があったことを意味する。ここに、多神教文化との妥協あるいはその影響の混入を見ることは間違いではない。つまり男性的一神教であるキリスト教を信じる者たちは、同時にどこかで女性的な側面を有する信仰対象をも必要としたのだ。なにしろつい先日まで、彼らは男女複数の神々を拝んでいたのだから。

◆ついに認められた「無原罪の御宿り」

聖処女マリアが受胎される瞬間にあらゆる原罪の汚れから守られていたという教義は、神によって啓示されたものであり、全信者がたえず断固として信じなければならない——（1854年12月8日の勅書。船本弘毅監訳）

「無原罪の御宿《おやど》り」はマリアがイエスを処女懐胎したという意味ではなく、その母胎となったマリア自身、原罪から解放されていたという見解だ。もちろん、『ヤコブの原福音書』を出発点とした、相当に伝統ある考え方であり、民衆の支持を集めていた。とくにプロテスタント分裂以後は、マリアをはじめとする諸聖人を重視しない新教への対抗もあって、カトリック側はマリアの称揚に力を入れ、それにうってつけの〈無原罪の御宿り〉を主題とする絵画も数多く描かれた。そこではマリアは、自分では天に昇ることはできないので、イエスの昇天と異なって、天使たちが運ぶ姿（被昇天）で描かれる。

引用した文は、マリアの「無原罪の御宿り」を、カトリック教会が最終的かつ全面的に認めた公式文書なのだが、その日付に注目してほしい。何世紀もマリアの無原罪性に対する信仰がありながら、19世紀にようやく公式に認めたのだ。正典福音書になんら根拠がないことがその理由

ムリリョ、〈無原罪の御宿り〉、1665〜70年、マドリッド、プラド美術館。マリアの足もとに三日月が見える

だ。マリアに対する信仰に対して、その間何度も疑問が提出され、議論が重ねられ、ときには無原罪性をほぼ認める見解をも教会は発表してきた。しかし、キリスト以外にこれほど強い聖性を有するキャラクターを認めてよいのか、キリスト教は長い時間迷っていたのだ。

　その判断が遅れたことと、前述したような多神教伝統がこの崇拝の成立背景にあったこととは、まったくの無関係ではないだろう。おそらく、そこに男女複数神のにおいをかぎつけたからこそ、教会はおいそれと認めるわけにいかなかったのではなかろうか——。

〈無原罪の御宿り〉の図像で、聖母はたいてい月の上に立っている。さまざまな成立要因があるが、最大のものはアルテミス（ディアーナ）神話とのからみだ。つまりギリシャ・ローマ神話における最大の「処女神」だったアルテミスは、太陽神アポロンの妹で月の女神だったからこそ、「永遠の処女」である聖母マリアの図像に、処女性を強調する「月」の図像として入り込んだに違いないのだ。

●テンプル騎士団の悲劇

聖地守護に身を捧げ、〝身内〟に滅ぼされた修道士たち

「テンプル騎士団の忌むべき過ちは（…）キリストを否み、十字架に唾《つば》し、偶像崇拝をなし、自然にもとる行為（引用注：男色行為などをさす）など、あらゆる罪を犯した（…）」（1308年3月25日の三部会召集状。橋口倫介訳より略引用）

その前の年の10月には、すでにフランス全土でテンプル騎士団が逮捕されていた。騎士団長のジャック・ド・モレー以下、騎士たちは軒並み、引用文にあるような内容の自白を調書にとられていった。拷問の助けを借りて、こうした悪魔的な自白内容をひきだした尋問者は、案《あん》の定《じょう》、この手の裁判に慣れた異端審問官だった。

騎士団にとって、唯一の頼みの綱は教皇庁だった。そこで教皇クレメンス5世は、この異端審問官の資格を奪って抵抗する。しかし騎士団にとって運の悪いことに、この時期の教皇はまったくといってよいほど実権をもっていない。そのうえローマからアヴィニヨンへと教皇庁を移転さ

せられ、後に「教皇のバビロン捕囚」といわれる監視状態が始まるのは、召集状のまさに翌年、1309年のことだ。

テンプル騎士団に対する一連の迫害を企画し、その徹底的な殲滅《せんめつ》に情熱を一心に傾けたのは、当時のフランス王フィリップ4世〝美男王〟だ。その動機は、異端排斥《はいせき》といった宗教的なものではもちろんない。どうみても、テンプル騎士団が貯めこんだとされる巨額の財産を横取りしようとしたのだ。美男王の過激なやり方に反感が広がりはじめると、王は1310年、強硬派のド・マリニーをサンス大司教に任命する。大司教は任命された日の翌日に、さっそく54人ものテンプル騎士を火刑に処する。あれは拷問による自白だったからと、以前の証言を裁判の場で撤回しようとした騎士ばかりだ。彼らは異端の罪なので、当然ながら生きたまま焼かれたのだ。

◆「テンプル騎士団」とは何か

テンプル騎士団は、なぜここまでひどい仕打ちを受けなければならなかったのか——それに答えるには、〝テンプル騎士団とは何か〟からざっと振り返らなければならない。

第2章で触れたように、第1回十字軍はヨーロッパ側の勝利に終わった。さっそく全欧州から、無数の巡礼者たちが解放された聖地を目指しはじめた。江戸期の伊勢参りのように、こんにちのイスラム圏のメッカ巡礼のように、聖地巡礼は中世ヨーロッパ人にとって贖罪と観光旅行を兼ねた人生の一大イベントだ。彼らは大金を握った、丸腰の一般大衆だ。聖地を奪還して目的を達した騎士たちは、ほとんど祖国へ帰っていった。数百キロにわたる東地中海沿岸を、残った数百人の守備隊で守らなければならない。ほとんど警護する者のいない巡礼者の群れは、港から内陸にある次の都市へと向かう間、イスラム軍のかっこうの餌食《えじき》となった。

その警ら隊を自主的にかってでたのが、エルサレム奪還後も現地にとどまっていた騎士たちだった。初代総長のユーグ・ド・パイヤンはじめ、故郷へ戻れば裕福な地所をもつ者ばかりだったから、物好きといおうか、自己犠牲の塊《かたまり》というべきか。ともあれ、最初わずか数名の騎士たちから始まった組織は、めざましい働きぶりですぐに評判となり、教皇はすぐにこの騎士修道会の設立を認可、エルサレム王はソロモン神殿の跡地を騎士団の本部として提供した。このときから、騎士団は「キリストの貧しき騎士たち、エルサレムのテンプル（＝神殿）騎士団」を正式名称とした。

同騎士団には軍事行動以外にも、他の修道会にない特色があった。それは、参加した騎士団が聖地警護に着任する際、ヨーロッパから中東まですべての現金を持っていけるわけもなく、もしできたとしても危険きわまりない。そこで、騎士たちは各自の本国（ほとんどフランスだった）にて騎士団支部にお金を預け、代わりにもらった信用状によってエルサレムで現金化した。これは銀行業の最初の例となった。さらに、当時はあらゆる利益の10分の1は自動的に教会に納めることになっていたが、聖地の警護を手弁当でおこなう騎士団に対して、教会は10分の1税の免除特権をあたえた。こうした経緯から、その後のすべての「テンプル騎士団はお金持ち」というイメージがつくられていく。

◆十字軍の敗北と国王の陰謀

しかし１２４４年にはエルサレムが、そして１２９１年には最後の砦《とりで》アッコンが陥落し、十字軍は征服地のすべてを失った。完全に用無しとなったテンプル騎士団は、キプロス島に一部を残し、ほとんどはフランスへと戻った。同様に聖地守護にあたっていた聖ヨハネ騎士団（テンプルより創立が5年早い）は、本来の医療行為もしながら、ロードス島をあらたな本拠とし、ロードス騎士団と名前を変えた。１５２２年までこれを死守したが、トルコに奪われて後はマルタ島に居を移した。これがバロック期の大画家カラヴァッジョも一瞬だけ迎えられたマルタ騎士団である。

軍事目的を失ったテンプル騎士団には、ほとんど銀行業務だけが残された。大量の現金を所有し、諸侯に貸し付けた。とくにフランス王家は騎士団に財布を預けているも同然だった。美男王が彼らを疎《うと》ましく思ったのはこうした理由からだ。借金をチャラにし、財産を奪い、騎士たちの広大な領地を手に入れ、おまけに聖地喪失の責任を負わせる。抵抗しそうな教皇庁は弱体化している――ここにすべての条件はそろった。

１３１２年3月22日、テンプル騎士団の正式な廃絶が、教皇名で宣言された。その2年後には、幽閉されていた最後の総長と管区長が引きずり出されて火あぶりにされた。自らの自白内容を否

火刑に処せられるテンプル騎士団を描いた、14世紀の年代記

認し、その無効性と騎士団の無実を最後まで、観衆に聞こえなくなるまで主張し続けた。これをもって、テンプル騎士団は歴史から姿を消した。

しかし、廃絶時にすべての財産を譲られることになっていたライバルの聖ヨハネ騎士団が、期待して蓋《ふた》を開けてみたところ、思ったような額ではなかった。そこから、廃絶を知った騎士たちが急いでどこかへ埋めたのだ、という「埋蔵伝説」が人気をよぶようになる。日本でいえば、ちょうど徳川の埋蔵金にあたるだろうか。さらに、最後の2名の騎士が焼かれたその同じ年に、美男王も教皇もあいついで死んでしまう。あまりの偶然に、人々はそこにテンプル騎士団の怨念《おんねん》を感じ、そして相手を死に至らしめる魔術的な能力まで信じるようになった。

キリスト教徒の安全と聖地を護《まも》るため自主的に

始められ、長年尽力した騎士団に対する、なんという仕打ちだろう。騎士団はあわれな姿で幕を閉じた。しかし、西洋の一大伝説となって、テンプル騎士団はこれからも永遠に残るのだ。

キリストを売った男"ユダ"はほんとうに裏切り者か

―――●『ユダの福音書』のグノーシス主義的解釈

イエスは彼（ユダ）に言った。「ほかの者から離れなさい。そうすれば、王国の秘密を授けよう。お前はそこに達することはできるが、大いに嘆くことになるだろう。（…）」（『ユダの福音書』35番紙。高原栄監修翻訳）

1978年頃、ナイル河東岸地域の洞窟で、盗掘された墓の中からある写本が見つかった。古美術商チャコスにちなんで「チャコス写本」とよばれるようになる、33紙葉（全66番紙）のパピルス古文書である。それは4つの文書からなり、最初の2つは、1945年に発見されたナグ・ハマディ文書に含まれる写本とほぼ同じものだった。4番目の文書は、残念ながら発見後にその多くが失われ、残った部分も損傷が激しい。そして3番目の文書が、これまでその存在こそ知られていたものの、実物を見た人は誰もいなかった『ユダの福音書』だった。

「彼（ユダ）のみが真理を知っていたので、裏切りの秘儀を成し遂げた。彼によって天上のものと地上のものとが解消されたのである、と言われる。彼らはこの種の虚構を作り上げて、

それを『ユダの福音書』と呼んでいる」（荒井献訳。傍点引用者）

これは教父エイレナイオスが180年頃に書いた『異端反駁《はんばく》』の中の一文だ。ここでその名を挙げて攻撃されているのが『ユダの福音書』であり、その後ほぼ完全に歴史上から姿を消し、この福音書が歴史上本当に存在したのかということ自体に疑問をもつ者さえいた。それが発見されたのだ。その後、権利関係や修復に長年かかり、ようやく解読が終わってコプト語原本と英訳が刊行されたのは2006年、つい最近のことだ。その内容は全世界の研究者を驚愕《きょうがく》させた。今から振り返ってみれば、エイレナイオスはその内容を正しく理解していたことがわかるし、それが180年頃というじつに古い時期の記述であることにもあらためて驚かされる。ユダの福音書は、後世になってからの作り物ではなく、ほかの正典福音書とも近い時期のものなのだ。

◆「正典福音書」の誕生経緯

ここで正典福音書の成立を概観しておこう（211ページの図参照）。いまだに諸説があるが、世界的権威ジェームズ・ロビンソン氏や、日本での第一人者荒井献氏らによって、ここ数十年間で研究は精力的に進められ、ほぼ定説として受け容《い》れられている仮説がある。

それによれば、原資料は2つあった。70年頃に書かれた『マルコの福音書』と、その後失われた『Q文書』だ。内容からして、マルコの福音書の著者はQ文書を読んでいない。さて『マタイの福音書』と『ルカの福音書』は、それら2書を参照しながら、80年頃に執筆されたと考えられている。これら三福音書を「共観福音書」とよんでいるが、問題なのはその後やや遅れて、紀元100年頃に執筆された『ヨハネの福音書』だ。この著者は先行三福音書も参照しつつ、しかしイエスの奇跡伝承などをより多く採用しながら、独自のイエス観を築き上げた。それは、「ことば」としてもともとあったイエスが、肉をまとって「人の子」となったというものだ。その解釈は、グノーシス主義のそれにかなり近い。

『ユダの福音書』も、ナグ・ハマディ文書のほとんどもそうだが、グノーシス主義的思想を理由に外典や異端となったものは歴史上多い。しかし『ヨハネの福音書』は正典としてとどまった。その分かれ目は紙一重のものだ。ほかにも神秘主義的色彩が強い幻想的な『ヨハネの黙示録』など、聖書には、これまで正統からいつ外されてもおかしくなかったものが交じっている。

◆キリスト教の異端〝グノーシス主義〟

さらにここで、グノーシス主義について簡単に触れておくべきだろう。簡単に、というにはあまりに壮大で複雑な体系なのだが、危険を承知で単純化すれば次のようなものになる。もともと、古代ペルシャの頃から「二元論」という思想があった。最初は、善神と悪神とが戦うゾロアスター教のような、比較的明快な善悪二元論の形をとっていた。その思想が、ギリシャへ入ってきて哲学と結びついた。そこで、精神（魂）を善、物質（肉体）を悪とみる二元論が生まれた。さらにこの思想をキリスト教へと持ち込んだものが、いわゆる「グノーシス主義」とよばれるものだ。

私たちは汚れた肉体をまとい、物質世界にとらわれている。そこから解脱《げだつ》して精神世界の住人となることを理想とする。そのための知識を手にすること（＝グノーシス）こそが信仰生活の目的なのだ。

そうなると、いろいろと不都合なことが出てくる。たとえば、それなら神はなぜそのような下《くだ》らぬ物質世界をわざわざ創りたもうたのか——ここから、いわゆるデミウルゴス（創造神）を絶対神ヤハウェと切り離していく説明などが生まれていく。なにやら善悪二元論の原始形態への回帰にも似ている。当然ながら、これは明らかな異端として排斥されていくことになる。ナグ・ハマディで見つかった多くの写本がごっそりそうだったように、各種福音書など多くの文書がグノーシス主義的傾向を問われて典外書にカテゴライズされていった。

イエスは（ユダに）言った。「（…）肉体が死ぬのであって、その魂は死なず、天へと引き上げられる」（『ユダの福音書』43番紙。高原栄監修翻訳）

明らかなグノーシス主義的解釈が、イエスによるこの「死の定義」には含まれている。であれば、イエスの磔刑《たっけい》がはたしてどういう意味をもつのか、もうおわかりだろう。それは、イエスが地上に現れる際にしようがなく必要とした「肉体」から、「精神的存在」としてのイエス本来の姿を解放してあげる行為となるのだ。

「だがお前は真の私を包むこの肉体を犠牲とし、すべての弟子たちを超える存在になるだろ

う」（同57番紙。同）

ほかの福音書では卑劣な「裏切り者」でしかないユダは、驚くなかれ、ここではイエスの魂を肉体から解放する「地上での死」をもたらすための密約を帯びた、腹心中の腹心となるのだ。これこそ、エイレナイオスが「天上のものと地上のものとが解消」されたと述べている内容であり、彼が攻撃していたのも、このグノーシス主義的内容によってであって、ユダが第一の弟子となるこの構図にほかならなかった。

ジオット、〈ユダの裏切り〉、1304～06年、パドヴァ、スクロヴェーニ礼拝堂。悪魔（左端）にそそのかされてイエスを売ったユダが、手に銀貨を提げている

◆イエスはなぜユダを弟子にしたか

『ヨハネの福音書』の著者はしかし、若干グノーシス主義的傾向をほのめかせながらも、ユダに対する姿勢は『ユダの福音書』とはまったく異なる立場をとった。最も古い『マルコの福音書』では１６９回に限られていた「ユダ」という語の登場数が、『ヨハネの福音書』になると一気に４８９回に増える。そしてそのすべてが、ユダの

卑劣さを攻撃し、その存在を呪《のろ》う呪詛《じゅそ》の言葉なのだ。『ヨハネの福音書』はその後、最も愛読される福音書となる。そこに描かれたユダの裏切り者の姿が、当然のように西洋世界で定着していった。

しかしそれならば、イエスはなぜユダを弟子にしたのか。イエスであれば、彼が裏切ることはお見通しだったはずだ。悪魔に憑《つ》かれたというなら、お得意の悪魔祓《ばら》いで去らせることもできたはずだ。なぜ最後まで、イエスはユダが裏切るのをそのままにしていたのか――こうした疑問はいつの時代にもあった。贖罪のために必要な手続きだったからだ、といえばそれまでだ。しかし、少なくともグノーシス主義的キリスト教徒にとってみれば、ユダがしたことこそ、肉から魂を解放するグノーシス行為そのものだったかもしれないのだ。もしかすると彼は、今なお不当な攻撃を受けている様子を、高いところから苦笑しつつ眺めているかもしれないのだ。

イエスは（ユダに）答えて言った。「お前は（…）彼らの上に君臨するだろう。最後の日々には、聖なる［世代］のもとに引き上げられるお前を彼らは罵《ののし》ることだろう」（同47番紙。同）

「聖杯」とは何か、それはどこから来て、どこへ向かうのか ――●〝イエスの血〟をめぐる伝説の深層

聖杯伝説は、西洋世界にながく伝えられる代表的なミステリーのひとつだ。もともとは、聖書

に登場するアリマタヤのヨセフにまつわる伝説だ。ユダヤ人の議員だったヨセフは、イエスの亡《なき》骸《がら》を買いとって埋葬する。というのも通常、処刑された罪人は埋葬されないからだ。そこから先は、正典福音書には描かれていないファンタジーの世界だ。ヨセフは十字架上のイエスの体から流れ落ちる血を杯に受け、逃亡する際に持って逃げる。彼はイギリスへ最初に渡った伝道者となったので、聖杯もイギリスのどこかにあるはずだ――これが話の骨格だ。こうした話が成立するまでには、典外書となりながらも広く読まれていた『ニコデモの福音書』といった書物や各種伝承が大きく貢献した。

先に見たテンプル騎士団の消えた財宝の伝説も、聖杯と結びついた。彼らが本部を置いていたのはソロモンの神殿跡であり、エルサレムで独立組織としてながく権勢を誇った彼らなら、何か大事なものを持っているに違いない。フランスに戻った後、迫害されて財宝を隠す際、フランスのどこかに埋めたか、生き残りの騎士たちとともにイギリスに渡ったかもしれない。そしてその中にはキリストの血を受けた聖杯があったのだ――これがテンプル騎士団のオプション版だ。

アリマタヤのヨセフが直接持ってきたにせよ、テンプル騎士団が持ち込んだにせよ、イギリスを聖杯探しの舞台とする設定は多い。これには、もともとイギリス周辺に、聖杯と結びつきやすい土壌があったためだ。本書の「狂気の母」の項ですでに触れた、ケルト神話の「奇跡の大鍋」を思い出していただきたい。そこでは、鍋に死者を放り込んで、生き返らせていた。

◆アーサー王の伝説における〝聖杯の正体〟

ここで思い出したいのは、円卓の騎士、アーサー王の伝説だ。その中で、騎士ランスロットの息子ガラハッドが聖杯を探しに行くストーリーは広く知られている。アーサー王の伝説はブリテン島の諸伝承をつなぎ合わせ、そこに11世紀末の「ローランの歌」の武勲詩を参考にした騎士道要素などが加味されて徐々に形成されていったものだ。これが大陸に渡り、12世紀後半にクレティアン・ド・トロワがアーサー王4部作を書く。最後の『ペルスヴァル、または聖杯の物語』の中に、聖杯（グラール）が登場する。これに別人（逸名作家だがボロンという名がつけられている）が前編を勝手につくる。これが1200年前後に書かれた『アリマタヤのヨセフ、あるいは聖杯の由来の物語』であり、その中で聖杯はアリマタヤのヨセフのそれに結びつけられ、ここに至ってアーサー王の物語は完全にキリスト教化された。時期はサラディンがエルサレムを奪還した頃にあたる。

重要なのは、アリマタヤのヨセフの聖杯だと断定される以前の、アーサー王伝説の聖杯がいかなるものだったかだ。クレティアンがイメージしていたのは、そこに注いだ水を飲めば不老不死になったり、傷が癒えたり、はては死人がよみがえったりするような、不思議な魔術的力を有する杯だった。もうおわかりだと思うが、キリストの血と結びつくまでは、聖杯とは本来、ケルト神話の〝再生の大鍋〟そのものだったのだ。

ひとつの死がひとつの命の誕生に必要だとする、なかば輪廻転生的な観念が、エジプトの「オシリスの死」の頃からあることはすでに述べた。私たちは、黄泉《よみ》帰りの項で「死と食物」が、そして薔薇の項で「血と再生」が西洋において共通理解となっていることをも知っている。だからこそ、ケルト神話の再生の大鍋と、キリスト教の贖罪の血とが、聖杯を介して無理なく結びついたのだ。ご丁寧に、聖杯からブドウの実がなっているキリスト教図像まで存在する。なんとわかりやすい。「聖杯」とはすなわち、「犠牲の血と再生する命」。これこそが聖杯の正体だ、とここでいいきってしまおう。

◆イエスの〝末裔〟伝説と聖杯

さらに「聖杯」が、またひとつ別の形で「血と命」と結びついたものがある。『ダ・ヴィンチ・コード』であらためて物議をかもした、「イエスの末裔《まつえい》」の伝説だ。つまり聖杯とは、イエスの血を受けた物理的な杯のことではなく、イエスの血脈そのものをさす、という解釈だ。これには、マグダラのマリアの伝説が関与している。というのも、正典福音書におけるマグダラのマリアは大冒険などもちろんしないが、中世の大ベストセラー『黄金伝説』では、マグダラのマリアはフランスのマルセイユへ漂着したと書かれているのだ。

この書は各地に伝わる数多くの伝承を、あまり神学的な吟味《ぎんみ》をすることなく取捨選択してまとめあげたものだ。当時、どのように各聖人が見られていたかがよくわかる。そこでは、「罪深き

ジオット、〈マルセイユに到着する聖マグダラのマリアとその姉弟〉、1320年代、アッシジ、サンフランチェスコ大聖堂下堂

女（つまり元娼婦）」「マグダラのマリア」「ベタニヤのマリア」の3人が、ひとつのキャラクターとして合体している。マグダラのマリアは改悛《かいしゅん》した売春婦で、生き返ったラザロの姉で、フランスにきて山に籠《こ》もる。テンプル騎士団が、十字軍敗戦後、出発点であるフランスへ戻ったこともついでに思い出していただきたい。

よく知られているように、外典『ピリポの福音書』では、イエスはマグダラのマリアと何度もキスする特別な間柄だ。そしてなによりも、マグダラのマリア本人を主人公とする『マグダラのマリアの福音書』では、彼女はペテロをうわまわる一番弟子で、イエスからいつも目をかけてもらっている特別な存在だ。

ペテロが（マグダラの）マリアに言った、「姉妹よ、救済者（＝イエスのこと）が他のすべての女性たちよりもあなたを深く愛しておられたことをわたしたちは知っています。(…)あなたが知っていて、わたしたちの聞かなかった言葉をわたしたちに話してください」。マリアが答えた、「あなたがたには隠されている言葉を教えましょう」(『マグダラのマリアによる福音書』6番紙1〜4節。山形孝夫・新免貢訳)

ペテロたちさえ知らない言葉を、マグダラのマリアだけは聞かされているのだ。やや男尊女卑的なトーンが全体を覆っている正典福音書群との、なんという違いだろう。案の定、いつも短気なペテロは激昂《げっこう》する。

◆『マグダラのマリアの福音書』にみる〝女性優位〟の思想

「あの方(=イエスのこと)がわたしたちには隠れて内密に女と話したのか。わたしたちのほうが向きを変えて、彼女に聴くことになるのか。あの方は、わたしたちをとびこえて彼女を選んだのか」(同10番紙3〜4節。同)

女より下など我慢ならぬ！　とでもいいたげだ。かようにペテロが取り乱すほど、『マグダラのマリアの福音書』におけるマグダラのマリアの扱いは大きい。後世のフェミニストがこの福音書を書いたのならば〝さもありなん〟と思われるかもしれないが、しかし1896年から相次いで発見されたコプト語写本やギリシャ語断片は、最も古いもので3世紀初頭にまでさかのぼることができるのだ。さらにそこに写されたはずの失われたギリシャ語原典の成立は、おそらく2世

福音書（正典／外典）の相関図と略年表

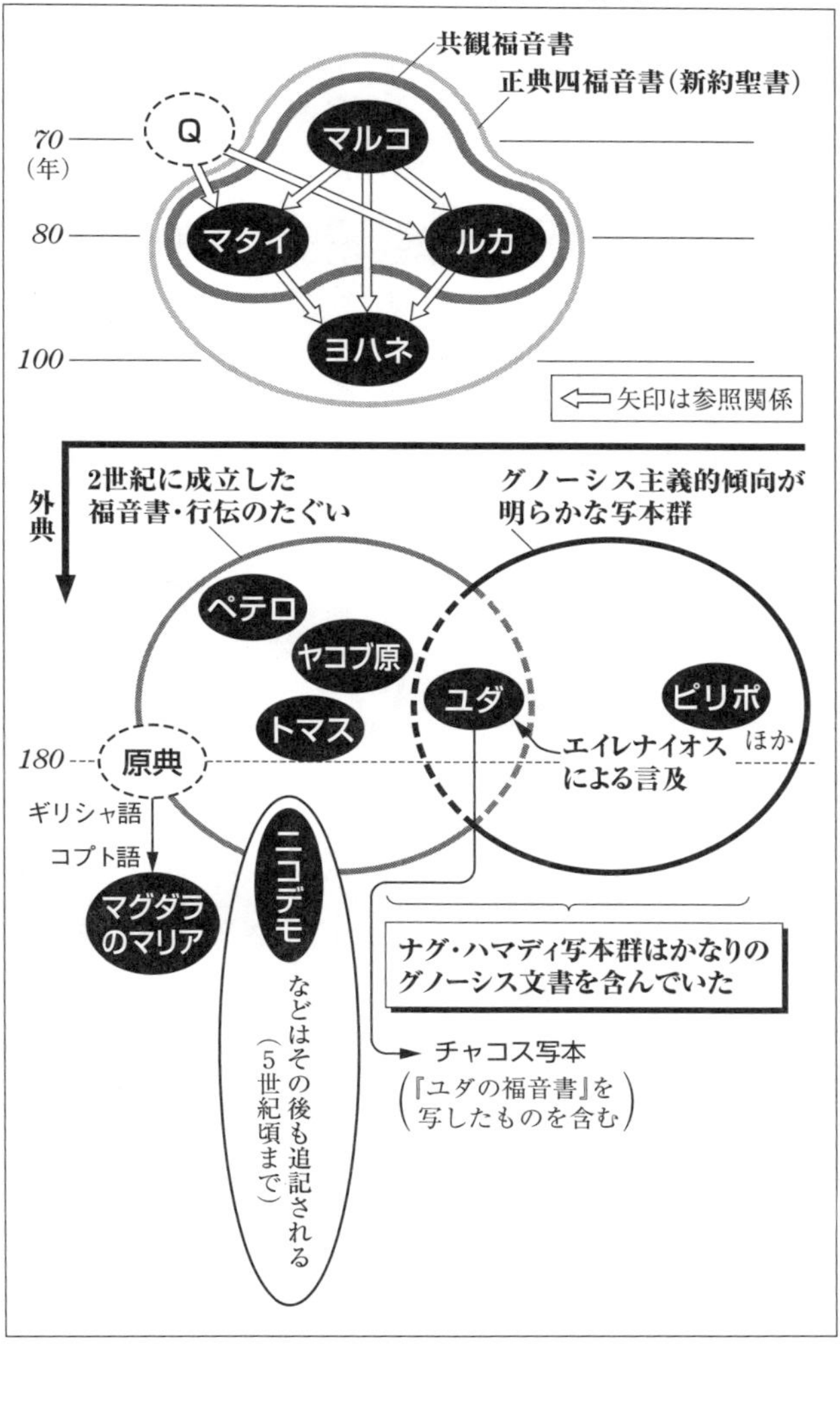
共観福音書
正典四福音書（新約聖書）
70（年）
80
100
Q
マルコ
マタイ
ルカ
ヨハネ
⇦矢印は参照関係
外典
2世紀に成立した
福音書・行伝のたぐい
グノーシス主義的傾向が
明らかな写本群
ペテロ
ヤコブ原
トマス
ユダ
ピリポ
ほか
エイレナイオスによる言及
180
原典
ギリシャ語
コプト語
マグダラのマリア
ニコデモ
などはその後も追記される（5世紀頃まで）
ナグ・ハマディ写本群はかなりのグノーシス文書を含んでいた
チャコス写本
（『ユダの福音書』を写したものを含む）

紀後半のことだと考えられている。これは『ユダの福音書』などとほとんど同じで、外典福音書としては最も古いもののひとつに数えられる。

すでにその頃から、これほどまでに女性優位の物語が初期キリスト教世界にはあったのだ。しかし、正典外典と選別されて後の、〝女＝愚かな性〟という一方的なイメージが固定化されていった過程と結果は、これまでに本書で見てきたとおりだ。

ともあれ、マグダラのマリアを直接的にイエスの妻だと書いたものはない。しかし、弟子たちが妻帯者だったことをうかがわせる記述や、地上のイエスは肉のイエス、とするグノーシスの曲解なども手伝って、イエスに妻がいたとしても別に聖性に影響はないと考える向きも古くからあるにはあったのだ。つまり、グノーシス主義からすれば、イエスであれ、地上でまとう肉体はわれわれと変わらぬ汚れた肉体にすぎないとする解釈も可能となるのだ。それなら、普通に妻をもち子をなしたとしても、本来イエスの精神だけがもつ聖性に、なんの影響があるというのだろう。

これが、イエスの末裔伝説の成立背景にほかならない。そのマグダラのマリアが、フランスにきて山中に籠もる。そのお腹の中には子供がいたかもしれない――噂話と妄想は、古今東西、際限なく大きく広がっていくものなのだ。

おわりに――

本書で見てきたことの一部をもって、「昔の人間は野蛮だった」と結論づけることは誤りだ。条件さえそろえば、私たちもまったく同じようなことをしているはずだ。また、中世をただの暗黒の時代と見ることも同様に誤っている。人々は今とは異なる環境下で、異なる生活習慣の中に暮らし、今とは違った楽しみを見出《みいだ》していただけだ。

魔女裁判の嵐が吹き荒れていたときにも、『魔女への鉄槌』に対して早々と異論を唱えた人たちはいたし、シュペー神父のように拷問廃止を唱えて激しく闘った人たちもいたことは本書でもすでに見た。それから長い年月を経て、ではどうなったかと私たちの時代を見まわすと、残念ながら今でも拷問は、ゆうに１００を超える数の国々で採用されていたりする。さらには、読者の中にはとても信じられないという方もおられるかもしれないが、刑罰としてではなく、現在でも年に数万人の単位で、クリトリスを切除されている女性たちがいるのだ。

つまり「暗黒」は、１０００年に限られたことではないのだ。

おそらく、暗い部分に押し込められている歴史を、私たちはもっと引っ張り出してジロジロ眺めるべきなのかもしれない。異端や異教徒への攻撃が苛烈《かれつ》を極めていたという事実ひとつとってみても、〝無知〟ほど恐ろしいものはない。だから今後も、歴史の裏道を覗《のぞ》き込んでいこう。それで、人間と社会というものへの理解が少しでも深まるものなのだ、と言い聞かせながら。

●主要参考文献（日本語で読めるもののみ掲載。著者名五十音順）

『聖書』新共同訳（日本聖書協会）／『旧約聖書外典』関根正雄編（講談社）／『新約聖書外典』荒井献編（講談社）／『殉教者行伝』土岐正策・土岐健治訳（教文館）／『ギルガメシュ叙事詩』矢島文夫訳（筑摩書房）／『古事記』西宮一民校注（新潮社）／『ナポレオン 戦争編』（学研）／『魔女にされた女性たち』I・アーレント＝シュルテ著、野口芳子・小山真理子訳（勁草書房）／『拷問全書』秋山裕美著（原書房）／『ハーメルンの笛吹き男』阿部謹也著（筑摩書房）／『ユダとは誰か』荒井献著（岩波書店）／『トマスによる福音書』荒井献著（講談社）／『世界医療史』井上清恒・田中満智子著（内田老鶴圃）／『中世都市の女性たち』E・ウイツ著、高津春久訳（講談社）／『魔女とキリスト教』上山安敏著（人文書院）／『黄金伝説』ヤコブス・デ・ウォラギネ著、前田敬作ほか訳（人文書院／平凡社）／『ホモセクシャルの世界史』海野弘著（文藝春秋）／『魔女・産婆・看護婦』B・エーレンライク、D・イングリシュ著、長瀬久子訳（法政大学出版局）／『病人の誕生』C・エルズリッシュ、J・ピエレ著、小倉孝誠訳（藤原書店）／『西洋中世の女たち』E・エンネン著、阿部謹也・泉眞樹子訳（人文書院）／『世界神話事典』大林太良ほか編（角川書店）／『ユダヤ人の2000年』E・R・カステーヨ、U・M・カポーン著、市川裕監修（同朋舎出版）／『原典 ユダの福音書』R・カッセルほか編著、高原栄監修（日経ナショナル ジオグラフィック社）／『黒死病』N・F・カンター著、久保儀明・楢崎靖人訳（青土社）／『マグダラのマリアによる福音書』K・L・キング著、山形孝夫・新免貢訳（河出書房新社）／『ペストの文化誌』蔵持不三也著（朝日新聞社）／『火刑台への道』M・クンツェ著、鍋谷由有子訳（白水社）／『中世の日常生活』H・W・ゲッツ著、川口洋ほか訳（中央公論新社）／『梅毒の歴史』C・ケテル著、寺田光徳訳（藤原書店）／『世界病気博物誌』R・ゴードン著、倉俣トーマス旭・小林武夫訳（時空出版）／『貞操帯の文化史』コーフェノン、フレディエ著、吉田晴美・並木佐和子訳（青弓社）／『お尻とその穴の文化史』J・ゴルダン、O・マルティ著、藤田真利子訳（作品社）／『魔女狩り』J＝M・サルマン著、池上俊一監修（創元社）／『中世の患者』H・シッパーゲス著、濱中淑彦監訳（人文書院）／『名もなき中世人の日常』E・シューベルト著、藤代幸一訳（八坂書房）／『ある首斬り役人の日記』F・シュミット著、藤代幸一訳（白水社）／『魔女現象』H・シュメルツァー著、新藤美智訳（白水社）／『少女たちの魔女狩り』M・L・スターキー著、市場泰男訳（平凡社）／『十字軍』

G・タート著、池上俊一監修（創元社）／『捨児たちのルネッサンス』高橋友子著（名古屋大学出版会）／『中世ヨーロッパ結婚譚』M・ダッラピアッツァ著、永野藤夫訳（白水社）／『ビンゲンのヒルデガルトの世界』種村季弘著（青土社）／『癌の歴史』P・ダルモン著、河原誠三郎ほか訳（新評論）／『性的不能者裁判』P・ダルモン著、辻由美訳（新評論）／『女の歴史』G・デュビィ、M・ペロー監修、杉村和子・志賀亮一監訳（藤原書店）／『性と暴力の文化史』H・P・デュル著、藤代幸一・津山拓也訳（法政大学出版局）／『外科の夜明け』J・トールワルド著、大野和基訳（小学館）／『宗教と魔術の衰退』K・トマス著、荒木正純訳（法政大学出版局）／『ヨーロッパの歴史 欧州共通教科書 第2版』F・ドルーシュ総合編集、木村尚三郎監修、花上克己訳（東京書籍）／『ヴァギナの文化史』J・ドレント著、塩崎香織訳（作品社）／『十字軍騎士団』橋口倫介著（講談社）／『古代ローマを知る事典』長谷川岳男・樋脇博敏著（東京堂出版）／『魔女と魔女裁判』K・バッシュヴィッツ著、川端豊彦・坂井洲二訳（法政大学出版局）／『魔女とカルトとドイツ史』浜本隆志著（講談社）／『聖母マリア』S・バルネイ著、船本弘毅監修（創元社）／『ヨーロッパ史と戦争』M・ハワード著、奥村房夫・奥村大作訳（学陽書房）／『風俗の歴史』E・フックス著、安田徳太郎訳（角川書店）／『世界創造の神話』M＝L・V・フランツ著、富山太佳夫・富山芳子訳（人文書院）／『博物誌 植物薬剤篇』プリニウス著、大槻真一郎責任編集（八坂書房）／『アーサー王伝説』A・ベルトゥロ著、松村剛監修（創元社）／『テンプル騎士団の謎』R・ペルヌー著、池上俊一監修（創元社）／『最古の宗教 古代メソポタミア』J・ボテロ著、松島英子訳（法政大学出版局）／『ペニスの文化史』M・ボナール、M・シューマン著、藤田真利子訳（作品社）／『中世の巷にて』A・ボルスト著、永野藤夫ほか訳（平凡社）／『中世ヨーロッパ生活誌』O・ボルスト著、永野藤夫ほか訳（白水社）／『アラブが見た十字軍』A・マアルーフ著、牟田口義郎・新川雅子訳（リブロポート）／『中世の裏社会』A・マッコール著、鈴木利章・尾崎秀夫訳（人文書院）／『魔女裁判』牟田和男著（吉川弘文館）／『死刑全書』M・モナスティエ著、吉田晴美・大塚宏子訳（原書房）／『魔女狩り』森島恒雄著（岩波書店）／『妻の歴史』M・ヤーロム著、林ゆう子訳（慶應義塾大学出版会）／『カトリック教会と性の歴史』U・ランケ＝ハイネマン著、高木昌史ほか訳（三交社）／『中世の生活文化誌』P・リシェ著、岩村清太訳（東洋館出版社）／『反ナポレオン考』両角良彦著（朝日新聞社）／『死刑物語』K・B・レーダー著、西村克彦・保倉和彦訳（原書房）／『パリ職業づくし』P・ロレンツ監修、北澤真木訳（論創社）

夢新書のマスコットは〝知の象徴〟と
されるフクロウです(マーク:秋山 孝)

血みどろの西洋史
狂気の一〇〇〇年

2007年11月5日　初版発行

著者――池上英洋
発行者――若森繁男
発行所――株式会社河出書房新社
〒151-0051 東京都渋谷区千駄ヶ谷2-32-2
電話(03)3404-1201(営業)
http://www.kawade.co.jp/
企画・編集――株式会社夢の設計社
〒162-0801 東京都新宿区山吹町261
電話(03)3267-7851(編集)
装幀――印南和磨
印刷・製本――中央精版印刷株式会社

Printed in Japan ISBN978-4-309-50335-6